대출 업무는
처음이라

대출 업무는 처음이라

이훈규 지음

매일경제신문사

Chapter 01. 대출의 기본

Chapter 02. 일반 담보 대출

Chapter 03. 신탁담보 대출

Chapter 04. 건축자금 대출

Chapter 05. 채권 관리

Chapter 01

대출의 기본

대출 손님이
무서워요

처음 대출 창구에 앉아 손님을 맞이했을 때가 생각납니다. 벌써 10년이 흘렀지만, 그때는 정말 막막했습니다. 아무것도 모르는 신입 직원이었으니까요. 물론, 연수원에서 이론 교육을 받았지만, 이론과 실전은 많이 달랐습니다.

이 책은 아무것도 모르고 대출 업무를 해야 했던 그 시절의 저에게 들려주고 싶은 이야기를 담았습니다. 은행원은 업무 매뉴얼을 기준으로 대출을 취급합니다. 하지만 업무 매뉴얼은 이론 위주이고, 실전 사례가 나와 있지는 않습니다. 그래서 막상 창구에 앉아서 손님을 응대하면 머릿속이 새하얘집니다.

아마도 많은 신입 직원들이 업무 매뉴얼에 의지해 대출을 취급하고 있을 것입니다. 예전의 저처럼 말이죠. 하지만 업무 매뉴얼은 최소한의 취급 기준만을 제공한다는 점을 꼭 기억하셔야 합니다. 그 기준에 부합한다고 해서 무조건 대출을 취급해도 되는 것은 아닙니다. 최악의 상황에서는 부실 대출이 증가하고, 은행의 건전성이 악화될 수 있기 때문입니다.

제가 처음 대출 부서로 발령받았을 때, 팀장님과 함께 경기도 외곽에 토지 대출 답사를 나간 적이 있습니다. 당시 제 눈에는 그저 빈 땅으로만 보였고, 어떤 부분을 심사해야 하는지 전혀 몰랐습니다.

제가 멀뚱멀뚱 서 있기만 하자, 팀장님께서 말씀하셨습니다.

"이 주임, 너라면 이 땅을 대출해준 금액에 사겠어?"

저는 팀장님의 말씀을 이해할 수 없었습니다. 갓 졸업하고 취업한 터라 제 생에 부동산 구입을 생각해본 적이 한 번도 없었으니까요.

분명 대출 답사를 하러 갔는데, 갑자기 부동산을 사겠냐고 물으시니 당황스러웠습니다. 당시 저는 부동산의 '부' 자도 모르는 초보였기에 제대로 된 대답을 하지 못했죠. 팀장님은 웃으시며 말씀하셨습니다.

"대출 심사는 별거 없어. 이 부동산을 대출해준 가격에 사겠다고 판단하면 대출을 하는 거고, 만약 안 산다면 취급하지 말아야 하는 거야."

부동산 공부도 하고 내 집 마련도 한 후에야, 팀장님 말씀을 이해할 수 있었습니다. 그 부동산을 대출해준 금액으로 산다는 것, 그것이 바로 부동산 대출의 핵심이었습니다. 즉, '환가성'이 중요하다는 것입니다. 아쉽게도 은행 업무 매뉴얼에는 환가성에 대한 기준이 나와 있지 않습니다. 물론, 경매 낙찰률에 따라 LTV(담보인정비율)의 차등을 두지만, 허점이 많습니다.

예를 들어, 서울 강남구의 상가 낙찰률은 다른 지역에 비해 높습니다. 강남 지역이 서울 지역에서도 중심지이기 때문이죠. 하지만 상가라고 모두 똑같은 상가는 아닙니다. 근생건물(꼬마빌딩)도 상가이고, 지층 상가도 상가로 분류됩니다. 사실상 이 두 개의 물건은 환가성에서 큰 차이가 있지만, 경매 낙찰률로는 구분을 할 수 없습니다. 그래서 신입 직원이 잘 모르고 대출을 취급했을 때, 환가성이 떨어지는 지하상가의 대출을 무리하게 취급할 수도 있는 것입니다.

누구도 알려주지 않는 것들

제가 10년간 대출 업무를 하면서 깨달은 것은, 은행 업무 매뉴얼을 지키는 것은 기본이고, 업무 매뉴얼 이상으로 검토해야 할 것이 많다는 것입니다. 하지만 아쉬운 것은 이런 지식을 어디서도 배우기가 힘들다는 점입니다. 아무래도 이런 사업성이나 환가성 같은 부분은 주관적인 견해가 들어가기 때문에 딱 정답이 있는 것이 아니기 때문입니다.

그럼에도 불구하고 저는 제가 10년간 경험해왔던 지식을 토대로 부동산 대출의 환가성 및 안정성, 그리고 기타 중요하게 봐야 할 것을 위주로 여러분께 설명해드리려고 합니다.

지금부터 말씀드릴 내용은 절대적인 정답이 아닙니다. 담당자에 따라 견해가 다를 수 있죠. 어쩌면 '정답도 아닌 내용을 왜 책으로 썼느냐'라고 말씀하실 분도 계실 것입니다. 하지만 저는 여러분이 다른 시각으로 생각해보실 수 있는 계기가 되길 바라며 이 책을 썼습니다. 이 책을 읽고 '이렇게도 생각할 수 있구나'라는 새로운 관점을 발견하시고, 나아가 여러분만의 기준을 세우실 수 있기를 바랍니다.

금융기관 대출 담당자의 주요 업무는 대출 심사, 취급, 그리고 사후 관리입니다. 고객으로부터 대출 의뢰를 받아 심사하고, 대출을 실행한 후 관리하는 것이 대출 담당자의 핵심 업무죠. 이러한 일련의 과정에서 자신만의 명확한 기준이 없다면 제대로 된 업무 수행이 어려울 것입니다.

기준이 없이 일한다는 것은 은행에도 큰 리스크를 가져올 수 있습니다. 대출이라는 업무는 객관성, 공정함, 정확성 등 많은 역량을 요구하는 일입니다. 대부분의 대출 사고가 '이번 한 번은 괜찮겠지'라는 안일함 때문에 발생합니다. 본인만의 기준이 없다면 친한 사람이 오면 대출을 해주고, 잘 모르는 사람은 대출을 거절하는 '도덕적 해이(moral hazard)'로 연결될 수 있습니다.

물론, 이런 이중잣대는 부실 대출로 이어질 확률이 높다는 것을 그간의 사례들이 보여주고 있습니다. 저는 제 나름의 기준을 세우고, 그 기준 안에서 객관적이고 정확하게 평가해서 공정한 대출 취급을 하고 있습니다. 이것이 제 자신과 제가 일하는 은행에 모두 떳떳한 일이라고 생각하기 때문입니다.

이 책을 읽으시는 여러분들도 여기서 얻은 지식을 바탕으로 본인만의 명확한 기준을 세우고, 공정한 대출 심사를 하시길 바랍니다. 그것이 결국 여러분과 여러분이 근무하는 은행, 그리고 고객을 위한 길이기 때문입니다.

막상 손님이 왔는데
어떤 대출을 안내해야 할까요?

　대출 손님들이 은행 창구에 오셔서 가장 많이 하시는 말씀은 "대출 되나요?"라는 질문입니다. 손님께서 이렇게 물어보시는 것은 당연한 일이죠. 하지만 초보 은행원들은 이 질문 앞에서 말문이 막힙니다.

　'대출이 되는지'라는 막연한 질문은 너무나 추상적이기 때문입니다. 저도 처음에는 어떻게 답변해야 할지 몰라 한참을 멀뚱멀뚱 있었던 기억이 납니다. 제 답답한 모습을 보셨는지, 팀장님이 오셔서 대신 상담을 해주셨죠.

　손님이 대출되냐고 물으시면, "어떤 대출을 받으러 오셨나요?"라고 되물으며 상담을 시작해야 합니다. 대부분의 손님들은 어떤 대출 상품이 있는지 모른 채 무작정 은행을 찾아오시기 때문이죠. 신용 대출이라면 신용 대출, 담보 대출이라면 담보 대출, 보증부 대출이라면 보증부 대출 등, 손님이 어떤 대출을 받기를 원하는지 먼저 확인해야 하는 것이죠.

예를 들어, 손님이 아파트를 구입하기 위해 대출을 받으려고 한다면 담보 대출에 해당합니다. 직장인이 담보 없이 대출을 받는 것은 신용 대출이고, 전세자금 대출처럼 보증서를 담보로 하는 대출도 있습니다.

사실 일반인이 대출에 대해 깊이 이해하기는 어렵습니다. 저 역시 이 일을 하지 않았다면 지금까지도 대출을 잘 몰랐을 것입니다. 우리는 태어나서 한 번도 제대로 된 금융교육을 받은 적이 없으니까요.

한번은 인근에서 자영업을 하시는 사장님께서 사업자금이 필요하다 며 찾아오셨습니다. 저희 은행의 주거래 고객이셨기에 좋은 대출을 안 내해드려야 했죠. 저는 사장님께 저금리 보증부 사업자 대출을 추천해 드렸습니다. 일반 신용대출보다 훨씬 저렴하고 좋은 조건의 대출이었 거든요. 이처럼 손님께 가장 적합한 대출을 안내해드리는 것이 대출 담 당자의 진정한 역할이라고 생각합니다.

대출은 크게 담보대출, 신용대출, 보증부대출의 세 가지로 나눌 수 있습니다. 초보 직원들은 이 중 어떤 대출을 취급해야 할지 판단하기가 쉽지 않은데요. 그래서 지금부터 이 세 가지 대출의 특징과 장단점에 대해 자세히 설명해드리도록 하겠습니다.

먼저 담보 대출입니다. 은행은 전통적으로 담보 대출을 가장 선호해 왔습니다. 채무자가 연체하더라도 담보물을 처분해 대출금을 회수할 수 있어 안정성이 높기 때문이죠. 일각에서는 은행이 위험하고 어려운 대출은 피하고 안전한 담보대출만 한다고 비판하기도 합니다. 하지만 최근에는 담보대출도 쉽지 않습니다. 각종 규제로 인해 담보가치가 충분하너라도 여러 이유로 대출이 거절될 수 있기 때문이죠.

두 번째는 신용 대출입니다. 신용 대출은 은행 내부 시스템을 통해 대출 한도가 산출되며, 이 한도 내에서 대출이 이루어지기 때문에 절차가 가장 간단합니다. 하지만 신용 대출은 부실이 발생하면 회수가 어렵다는 단점이 있습니다. 대출 당시에는 채무자의 신용등급과 현금흐름이 우량했더라도, 실직이나 폐업 같은 부득이한 사유로 신용도가 하락하면 상환 능력을 잃게 되기 때문입니다. 그래서 신용대출은 취급 절차는 가장 단순하지만, 실제 심사는 가장 까다로운 내출이라고 할 수 있습니다.

신용 대출 이후 개인회생이나 파산 등의 채무조정을 신청하는 경우도 있습니다. 이런 공적 구제 제도는 채무자의 경제적 회생에는 도움이 되지만, 은행 수익성에는 부정적 영향을 미칩니다. 법원 결정으로 대출원금이 감면될 수 있기 때문이죠. 그래서 은행에서는 자체 신용 대출 대신에 보증부 대출을 많이 취급합니다. 보증부 대출은 보증기관(서울보증보험, 신용보증재단 등)에서 대출에 대한 보증을 서주기 때문에, 부실이 생겼을 때 보증기관에 대출 상환을 요구할 수 있습니다.

　손님이 신용 대출을 문의하셨더라도, 보증부 대출이 가능한 경우라면 보증부 대출을 안내해드리는 것이 좋습니다. 은행은 부실이 발생하더라도 보증기관에 대위변제를 요청할 수 있고, 손님 입장에서는 보증서 담보 대출이기 때문에 한도가 더 높아지는 장점이 있기 때문이죠. 특히 소득이 적거나 신용등급이 좋지 않은 손님은 일반적으로 대출받기가 어려운데요. 이런 경우에는 저소득, 저신용 채무자를 위한 상품인 햇살론을 안내해드리는 것이 바람직합니다.

　정리하자면, 은행원은 손님에게 가장 적합한 대출을 안내해야 할 의무가 있습니다. 이를 위해 손님의 현재 상황을 종합적으로 파악하고, 그에 맞는 최적의 대출을 제공해야 하죠.

　저는 평소에 '담보 대출 → 보증부 대출 → 신용 대출' 순으로 대출 취급을 검토합니다. 담보가 있다면 담보 대출이 한도도 크고 금리도 저렴하기 때문입니다. 만약 담보가 없거나 담보 제공을 원치 않으시면 보증부 대출로 대출의 안정성을 높이고요. 이마저도 어렵다면 신용등급, 재산 상태, 소득 수준 등을 고려해 신용 대출을 검토합니다.

　여러분도 손님께서 "대출이 되냐?"라고 물으시더라도 당황하지 마시고, 충분한 상담을 통해 손님께 가장 적합한 대출을 제공하시길 바랍니다.

손님이 들고 온 감정평가서,
믿어도 될까요?

담보 대출에서 가장 중요한 절차 중 하나는 '부동산 감정평가'입니다. 이는 대출 담보 물건의 가치를 평가하는 과정인데요. 이러한 평가는 감정평가사라는 전문가가 수행합니다. 아파트처럼 시세가 명확한 경우를 제외하고는 대부분 감정평가사의 정식 감정서를 통해 대출이 이루어지죠.

손님이 부동산 담보 대출을 요청하시면, 우선 감정평가사에게 탁상감정을 의뢰합니다. 탁상감정이란, 현장 방문 없이 책상에서 대략적인 가격을 산정하는 것을 말하는데요. 마치 탁상시계가 책상 위에 놓인 시계를 의미하듯, 탁상감정은 책상에 앉아서 진행하는 감정평가를 뜻합니다.

그렇다면 감정평가사는 어떻게 현장 방문 없이 가격을 산정할 수 있을까요? 요즘은 인터넷이 발달해 네이버 지도, 카카오맵 같은 온라인 지도로도 부동산을 상세히 관찰할 수 있기 때문입니다. 게다가 실거래가 정보나 네이버 매물 가격 등 인터넷에 공개된 부동산 정보가 많아 현장 방문 없이도 상당히 정확한 가격 책정이 가능해졌죠.

요즘은 일반인도 부동산 가격을 쉽게 확인할 수 있게 되었습니다. 하우스머치, 빌라시세닷컴 같은 프롭테크 사이트들 덕분인데요. 해당 사이트에서 부동산 주소만 입력하면 바로 가격이 산출됩니다. 다만 이 가격이 항상 정확하지는 않습니다. 최근 실거래가와 감정평가 사례를 기반으로 가격을 추정하다 보니 오차가 발생할 수밖에 없기 때문이죠.

제 개인적인 생각으로는, 앞으로 A.I가 발달하면서 이러한 서비스들이 많이 생기고, 정확도 또한 더 올라가지 않을까 생각하는데요. 가끔 손님께서 감정평가서를 가지고 오셔서 이 감정평가서대로 대출해달라고 요청하는 경우가 있습니다. 그럼 이런 경우, 손님께서 가지고 오신 감정평가서를 사용할 수 있을까요?

손님이 가져오신 감정평가서로는 대출 취급이 어려운데요. 여러 가지 이유가 있지만, 가장 큰 이유는 이런 경우 감정가가 높게 책정되어 있을 가능성이 크기 때문입니다. 아무래도 은행이 의뢰한 것보다 소유자가 직접 의뢰한 감정평가서는 가격이 후하게 매겨질 수 있죠.

또한, 대출용 '담보 감정' 외에도 매매 가격 산정을 위한 '시가 감정', 경매를 위한 '경매 감정' 등 여러 종류의 감정평가가 있습니다. 손님이 가져오시는 감정평가서는 대개 '시가 감정'인 경우가 많은데요. 시가 감정은 일반적으로 담보 감정보다 평가액이 높게 책정되죠.

예를 들어, 현재 시세가 10억 원 정도 되는 부동산이 있다고 해보겠습니다. 손님은 부동산의 시세가 10억 원이기 때문에 담보 감정 가격도 10억 원 정도 나올 거라고 기대합니다. 하지만 막상 담보 감정을 하면 시세의 80~90% 정도밖에 나오지 않습니다. 담보 감정은 시세에 비해 보수적으로 매겨지기 때문입니다. 결국, 동일한 물건이라도 목적(대출, 시세, 경매 등)에 따라서 감정평가 가격이 달라집니다.

그뿐만이 아닙니다. 감정평가회사, 지점, 그리고 담당 감정평가사에 따라서도 평가 가격에 차이가 발생합니다. 예를 들어, 같은 A감정평가사라고 하더라도 서울 지점과 경기 지점은 각각 다른 담당자와 심사 책임자가 있어 감정평가액이 달라질 수 있죠.

뒤에서 감정평가 가격에 대해 자세히 살펴보겠지만, 결국 평가 과정에 사람의 주관적 판단이 개입되기 때문에 이러한 가격 차이가 발생하는 것이죠. 특히, 대출 모집인(증권사, 모집법인 포함)이 가지고 오는 감정평가서는 더욱 꼼꼼한 확인이 필요합니다. 은행원은 이들이 유치한 대출을 심사하고 취급하는 역할을 하는데요. 즉, 영업은 대출 모집인이 담당하고 검토와 실행은 은행원이 하는 구조입니다.

　여기서 중요한 점은 대출 모집인이 제시하는 감정평가서를 무조건 신뢰해서는 안 된다는 것입니다. 대출 모집인은 대출이 실행되어야 수수료를 받기 때문에, 감정가가 높게 책정된 평가서로 대출을 의뢰하려는 경향이 있습니다. 이러한 평가액을 그대로 받아들였다가는 부실 발생 시 대출금 회수가 어려워질 수 있죠.

　부끄러운 이야기지만, 저도 신입 시절에는 감정평가서의 종류와 가격 차이에 대해 전혀 알지 못했습니다. 주변에서 알려주는 사람도 없었고, 선배들께 물어보기도 조심스러웠습니다. 사실 이 책을 쓰게 된 것도 예전의 제가 겪었던 것과 같은 시행착오를 겪는 분들이 없었으면 하는 마음에서였습니다.

　다시 돌아가서 대출 모집인은 가격이 높게 책정된 감정평가서로 대출을 의뢰할 확률이 높습니다. 감정평가 가격이 높아야 대출 승인율이 높아지기 때문입니다.
　예시를 들어 설명해드리겠습니다. 같은 부동산에 대한 감정평가서의 가격이 하나는 10억 원, 다른 하나는 15억 원이라고 가정해보죠. 만약 채무자가 필요한 대출 금액이 7억 원이라면, 어떤 감정서가 대출 승인에 더 유리할까요?

당연히 15억 원의 감정평가서가 유리합니다. 15억 원짜리 담보물에 7억 원을 대출받으면 LTV가 50%도 되지 않지만, 10억 원짜리 담보물에 7억 원을 대출받으면 LTV가 70%에 이르기 때문이죠. 은행 입장에서는 담보물 가격 대비 대출 금액이 낮을수록 좋으므로, 15억 원의 감정서가 대출 승인 가능성이 더 큰 것입니다.

다시 한번 강조해드리고 싶은 점은, 손님이나 대출 모집인이 제시하는 감정평가서의 가격을 그대로 받아들여서는 안 된다는 것입니다. 이러한 경우, 실제 감정가보다 높게 책정되어 있을 가능성이 크기 때문이죠.

실제 업무에서는 대출 후 부실이 발생해 경매나 공매를 진행하는 경우가 있습니다. 이때 경·공매 감정 가격이 대출 취급 당시의 감정가보다 낮게 나오는 경우가 있는데, 이런 상황은 종종 은행과 감정평가회사 간의 분쟁으로 이어지기도 합니다.

이때 은행은 감정평가회사의 과다 감정이 부실의 원인이라고 주장하고, 감정평가회사는 평가에 문제가 없었다고 맞서게 됩니다. 여기에 더해 대출을 취급했던 담당자도 감정평가서를 제대로 검토하지 않았다는 책임에서 자유로울 수가 없죠. 이러한 책임을 피하기 위해서는 은행과 연계된 여러 감정평가회사에 탁상감정을 의뢰하고, 그 금액들을 종합적으로 분석한 후 대출을 취급하는 것이 바람직합니다.

LTV 몇 프로까지 대출을 취급하면 되나요?

대출이 어려운 점이 바로 규제가 계속 바뀐다는 데 있습니다. 특히 부동산 호황기에는 대출을 규제하고, 부동산 침체기에는 대출을 완화해주는데요. 금융기관마다 조금씩 대출 규제가 다르지만, 기본적인 큰 틀은 동일합니다. 그 이유는 바로, 금융위원회에서 정하는 대출 규제를 적용하기 때문입니다. 그중 대표적인 규제가 LTV 규제인데요. LTV(Loan To Value)의 뜻은 담보인정비율입니다.

쉽게 말씀드리면, '부동산 가격 대비 몇 퍼센트의 대출을 취급할 수 있는지?'인데요. 이 LTV 규제는 주택이나 비주택, 규제 지역이나 비규제 지역에 따라서 달리 적용됩니다. LTV 규제는 담보 대출을 취급할 때, 가장 기본이면서, 가장 중요한 평가 요소입니다. 부동산 가격 대비 대출을 얼마나 취급하냐에 따라서 대출금을 모두 회수할 수 있는지가

정해지니까요.

 이번 장에서 말씀드리고 싶은 것은 '부동산 감정 가격 대비 대출금을 얼마나 취급해도 되는가?'입니다. 사실 이 문제는 업무 규정(또는 금융 규제)에 일률적으로 정해져 있기는 하지만, 제 경험상 그 규정을 기계적으로 따랐다가는 부실이 생길 수 있습니다.

 예를 들어, 서울시 강남구에 위치한 오피스텔 대출을 취급한다고 해보겠습니다. 오피스텔의 경우, 비주택으로 분류되기 때문에 제가 근무하는 은행 규정상 최근 경매 낙찰률에 따라 최대 80%까지 대출을 취급할 수 있습니다. 또한, 이 오피스텔이 경매로 낙찰받은 경우, 매매가의 최대 90%까지 대출을 취급할 수 있습니다.

 대부분의 초보 은행원들은 규정상 허용된 80~90%까지의 한도를 그대로 적용해 대출을 취급합니다. 하지만 최대 한도까지 대출을 해도 정말 괜찮을까요?
 물론 규정을 준수해서 대출을 취급했다면, 나중에 부실이 발생하더라도 담당자의 책임은 없습니다. 하지만 이러한 대출이 부실화되면 대출금을 전액 회수하지 못할 가능성이 큽니다. 우리는 회원의 예금으로 대출을 운용하는 만큼, 향후 회수 가능성까지 고려해야 할 의무가 있는 것이죠.

앞의 사례처럼 매매가의 90%까지 대출을 해줬다면, 결국 매수자의 돈(자기 자본)은 10%만 필요하게 됩니다. 사실상 매수자보다 은행의 자본이 9배나 더 들어간 셈이죠. 이렇게 손님의 돈(자기자본)이 적게 들어간 부동산은 부실이 될 확률도 높습니다. 어차피 내 돈이 얼마 안 들어갔으니, 최악의 상황에서는 포기해버리는 거죠.

그럼 이렇게 높은 LTV의 대출은 위험하니, LTV 60~70% 이내로만 대출을 취급해야 할까요? 물론, LTV가 낮은 대출이 안전한 대출인 것은 맞습니다. 하지만 대출을 취급할 때 낮은 LTV의 대출만 취급할 수는 없습니다. 낮은 LTV의 대출은 은행들이 모두 선호하는 대출이기 때문에 경쟁이 심하기 때문입니다. 특히, 2금융권 은행은 1금융권 은행에서 취급하지 못하는 대출을 주로 취급하기 때문에 낮은 LTV의 대출만을 취급하기가 더 어렵습니다. 결국, LTV에 대한 자신만의 기준이 있어야 높은 LTV의 대출을 취급하더라도 안전하게 대출을 취급할 수 있는 것입니다.

제 의견이 절대적인 정답은 아니지만, 제 나름의 기준을 공유해드리면 참고가 될 것 같습니다. 저는 물건과 지역에 따라 LTV를 차등 적용하고 있는데요. 예를 들어, 강남의 꼬마 빌딩과 지방 소도시의 미분양 상가가 있다고 해보겠습니다. 제 기준에서 강남의 꼬마빌딩은 우량한 물건이고, 지방의 미분양 상가는 위험한 물건입니다. 저희 은행의 규정상 이 두 개의 물건을 취급할 수 있는 LTV는 최대 80%입니다. 제 기준으로는 강남의 꼬마빌딩은 LTV 80%까지도 취급이 가능하지만, 지방 소도시의 미분양 상가는 50%도 위험하다고 판단합니다. 이제 그 이유를 설명해드리도록 하겠습니다.

첫째, 지역별 차등입니다. 서울의 강남 지역과 지방 소도시의 경우, 지역별 선호도에 큰 차이가 있습니다. 서울은 우리나라 대한민국의 수도이고, 그중에서도 강남은 서울의 중심지입니다. 일자리, 학군, 교통 등 뭐 하나 빠지는 것이 없기 때문에, 강남은 우리나라에서 가장 비싼 동네가 되었습니다. 지방 지역에 거주하고 있는 부자들도 부동산 투자는 서울 지역에 하곤 합니다. 외국인들의 서울 지역 부동산 투자도 점점 늘어나고 있죠.

반대로 지방 지역은 점점 쇠퇴하고 있습니다. 특히, 지방 소도시들은 더 심한데요. 이웃 나라 일본의 경우를 보면, 급격한 노령화와 출산율 감소로 지방 지역의 빈집이 늘어나고 있습니다. 그나마 몇 안 되는 젊은 사람들도 도쿄, 오사카 같은 도시 지역에 가서 살고자 하니 지방 지역의 쇠퇴는 점점 심해지고 있습니다.

다행인 것은 지방 지역이 모두 다 쇠퇴하고 있는 것은 아닙니다. 지방 광역시는 나름대로 선방하고 있는데요. 부산, 광주, 대구 등의 지방 광역시는 주변 지방 소도시의 인구가 유입되며, 나름대로 현상 유지를 하고 있습니다. 앞에서도 언급했지만, 제가 대출을 배울 때, 팀장님께서 이렇게 말씀하셨습니다.

"부동산 대출을 취급할 때, 대출해준 가격으로 부동산을 살지, 안 살지로 판단하면 된다."

결국, 내가 그 가격에 사고 싶은 부동산이면 대출을 취급하고, 그렇지 않은 부동산은 대출을 하지 말라는 의미였습니다. 여기서 중요한 것은 '대출 취급 가격'으로 그 부동산을 살 의향이 있는지의 여부입니다. 개인마다 선호도가 다르기 때문입니다.

물론 대출이 정상적으로 상환된다면, 어떤 방식으로 취급했든 문제가 없습니다. 하지만 문제는 대출이 부실화되었을 때입니다. 부실 발생 시에는 부동산 처분(경·공매) 가격이 높아야 대출금 회수가 용이한데, 이는 결국 부동산의 가치에 달려 있습니다. 좋은 부동산은 잘 팔리지만, 그렇지 않은 부동산은 처분이 어려운 것이죠.

사실 부동산에 대한 사람들의 선호도는 대체로 비슷한 경향을 보입니다. 내가 좋다고 생각하는 물건은 대부분의 사람들도 좋게 보고, 내가 꺼리는 물건은 다른 사람들도 꺼리는 경우가 많죠.

예를 들어, 강남 지역과 지방 지역의 부동산 중 하나를 선택해야 한다면, 대부분이 강남을 선택하실 것입니다. 대출도 이와 같은 원리입니다. 선호도가 높은 지역의 부동산에 대출을 취급한다면, 설령 부실이 발생하더라도 대출금 회수가 수월할 가능성이 커지는 것이죠.

두 번째, 부동산 물건별 차등입니다. 부동산은 크게 주택, 비주택으로 나눌 수 있습니다. 주택 또한 아파트, 다세대주택, 단독주택 등으로 나눌 수 있고요. 비주택은 상가, 토지, 오피스텔 등 여러 개로 나뉩니다. 앞에서 예시로 들었던 꼬마빌딩과 미분양 상가는 비주택, 그중에서도 상가로 분류되는 것이죠.

이 두 가지 부동산은 상가로 분류되지만, 큰 차이가 있습니다. 바로 꼬마빌딩은 건물의 소유자가 한 명이고, 집합건물 상가는 건물의 소유자가 호수마다 모두 다르다는 것인데요. 저는 이 차이가 추후 부동산의 가치를 판단할 때, 큰 차이가 있다고 생각합니다.

자세히 말씀드리면, 꼬마빌딩은 한 명의 소유자(공유지분은 여러 명 소유 가능)가 건물을 통째로 소유하는 반면, 집합건물 상가는 개별 호수마다 소유자가 각각 다릅니다. 정말 중요한 사실은 토지 소유 여부인데요. 꼬마빌딩은 건물의 소유자가 토지를 전부 소유합니다. 하지만 집합건물 상가는 토지의 일부 면적(대지권)만 소유합니다. 이 차이는 시간이 지날수록 점점 더 커지는데요. 꼬마빌딩은 나중에 건물이 노후화되면 건물을 허물고 새롭게 신축할 수 있습니다. 소유자가 토지를 모두 소유하고 있기 때문에, 손쉽게 신축이 가능하죠.

하지만 집합건물 상가의 경우, 건물이 노후화되더라도, 신축을 하기가 어렵습니다. 소유자도 여러 명이라 의사결정이 어려울뿐더러, 상가의 특성상 새롭게 신축하는 것이 사업성이 나오지 않기 때문입니다. 그래서 집합건물 상가의 경우, 시간이 지나도 가격의 변동이 크지 않지만, 토지를 온전히 소유하고 있는 꼬마빌딩은 시간이 지나면 땅값의 상승으로 가격이 많이 올라가는 것입니다.

물론, 모든 집합건물이 그런 것은 아닙니다. 수도권 주요 지역의 재건축 아파트는 오히려 시간이 지날수록 가치가 상승하는 예외적인 경우죠. 하지만 상가의 경우는 일부를 제외하고는 재건축이 거의 이루어지지 않습니다.

위의 내용이 어렵게 느껴지실 수 있을 것 같아서 제가 간단하게 정리해드리도록 하겠습니다. 꼬마빌딩은 시간이 지나면서 건물이 노후화되어 건물 가치는 하락합니다. 하지만 지가 상승으로 인해 토지 가격은 점점 올라가게 됩니다. 그래서 건물 가격이 낮아져도 토지 가격 상승으로 인해 총 가격은 상승하게 되는 것입니다.

반면 집합건물 상가는 건물이 노후화되면 건물 가격이 하락하고, 소유하고 있는 대지면적의 비율이 낮아 가격 상승 폭이 크지 않습니다. 그래서 시간이 지나도 총 가격의 상승이 미미한 것이죠.

앞에서 말씀드린 것처럼 대출을 취급할 때, 부동산 가격 대비 얼마나 대출을 취급할지는 중요합니다. 그렇기 때문에 지역별·물건별로 부동산의 특징을 파악하고, LTV를 차등해 대출을 취급한다면, 만에 하나 대출이 부실이 되더라도 대출금을 회수하기가 수월할 것입니다.

이처럼 적절한 LTV 관리는 대출 부실을 방지하는 가장 기본적인 수단입니다. 신중한 물건 검토와 차등화된 LTV 적용은 리스크 관리의 핵심이자 시작점이라고 할 수 있습니다. 결국 이런 기본적인 원칙만 잘 지켜도 안전하게 대출을 할 수 있다고 생각합니다.

감정평가금액 말고 부동산 가격을
알 수 있는 방법이 있을까요?

앞 장에서 금융기관의 대출 취급 시 감정평가서의 금액을 기준으로 한다고 말씀드렸습니다. 고객이나 대출 모집인이 제시한 감정평가서는 금액이 높게 책정되어 있을 수 있어, 금융기관과 거래하는 여러 감정평가사에게 문의하고 보수적인 금액을 기준으로 판단하는 것이 안전하다고 말씀드렸습니다.

하지만 매번 감정평가사님들께 탁상감정을 의뢰하는 것은 현실적으로 쉽지 않습니다. 감정평가사 입장에서 탁상감정은 수고는 많이 들지만, 수익성이 없는 서비스이기 때문입니다. 또한 은행원도 감정 평가금액의 적정성을 판단할 수 있는 능력이 필요합니다.

제가 처음 대출 업무를 배울 때는 담보 물건 인근 공인중개사를 찾아가 해당 지역 물건의 시세를 문의하라고 배웠습니다. 현장 실사를 나가면 어색하게 부동산 중개사무소에 들어가 시세를 여쭤보곤 했는데, 은행에서 나왔다고 하면 대부분의 부동산 중개사무소 소장님들이 꺼리시는 기색이 역력했습니다. 처음에는 웃으며 반갑게 맞아주시다가도, 시세 조사 때문에 방문했다고 하면 금세 표정이 굳어지셨죠. 간략히게라도 시세를 알려주시는 분들도 계신 반면, 잘 모른다며 눈도 마주치지 않으시는 소장님들도 계셨습니다.

여러 번 부동산 공인중개사무소에 방문하다 보니 저만의 요령이 생겼습니다. 은행에서 시세 조사 때문에 나왔다고 하지 않고, 부동산에 관심 있는 실수요자 혹은 투자자라고 말하고 당당하게 부동산 시세를 물어봤죠. 그랬더니 친절하고, 자세하게 안내해주시더라고요. 그도 그럴 것이 공인중개사는 부동산 거래가 성사되어야 돈을 버는 직업입니다. 그러므로 잠재적인 손님에게 친절을 베풀 수밖에 없는 것이죠.

주의해야 할 점은 그 순간만큼은 정말 부동산에 관심 있는 사람이 되어야 한다는 것입니다. 사전에 충분한 공부를 하고 방문해야 하죠. 그렇지 않으면 은행에서 시세 조사를 위해 나왔다는 것이 금방 드러날 수 있습니다.

때때로 부동산 물건의 위치가 너무 멀거나, 부동산에 방문하는 게 용기가 안 날 수도 있습니다. 다행히 요즈음에는 인터넷이 발달해서 이렇게 발품을 팔지 않더라도, 인터넷으로 검색하는 것만으로도 좋은 정보를 얻을 수 있습니다. 정말 몇 년 사이에 세상이 많이 바뀐 것 같습니다. A.I, 빅데이터가 발달하면서 점점 더 편리한 서비스가 생기고 있는데요. 제가 몇 가지 인터넷 사이트를 소개해드리도록 하겠습니다.

첫째, 네이버 부동산입니다. 네이버 부동산에는 현재 시장에 나와 있는 매물들을 볼 수 있습니다. 대부분의 공인중개사들이 네이버 부동산에 매물을 홍보하기 때문에, 이 매물들의 가격을 참고하면 현재 거래되는 가격을 얼추 알 수 있습니다. 현재 나와 있는 매물의 가격을 아는 것은 굉장히 중요합니다. 왜냐하면 감정평가의 방식이 과거 부동산 거래 사례를 기준으로 하기에, 현재 부동산 가격 수준을 반영하지 못할 수도 있기 때문입니다.

예를 들어, 기존에 부동산 거래 가격이 10억 원이었는데, 부동산 침체가 와서 가격이 7억 원이 되었다고 하더라도, 감정평가서의 가격은 10억 원이 될 수 있기 때문입니다(현재 가격을 반영하는 사례도 있습니다). 그래서 기존에 거래된 가격뿐만 아니라, 현재 거래되고 있는 매물의 가격을 파악하는 것이 중요하고, 네이버 부동산 사이트가 제격이라는 것이죠.

두 번째는 밸류맵, 디스코 사이트입니다. 이 두 개의 사이트는 집합건물이 아닌 개별 건물 또는 토지의 거래 가격을 파악하기에 좋은데요. 아파트와 오피스텔 같은 집합건물은 실거래가 조회가 쉬운데, 이런 토지나 건물은 개별성이 강해서 실거래가를 알기가 쉽지 않았습니다. 그래서 감정평가서에 의존하거나 공인중개사의 의견을 참고해야 했죠. 밸류맵과 디스코 같은 사이트가 생기면서, 이런 개별 물건들도 시세 파악이 쉬워졌습니다. 주소를 입력하면, 인근 거래 사례가 모두 조회되니까요.

세 번째는 호갱노노, 아실인데요. 이 두 개는 아파트의 실거래가, 그리고 현재 부동산의 흐름을 알 수 있는 유용한 사이트입니다. 개인적으로 '호갱노노' 사이트가 생기면서, 부동산 시세에 대한 접근성이 정말 좋아졌다고 생각하는데요. 인터넷을 잘 못하시는 저희 아버지도 호갱노노를 통해 본인이 거주하는 아파트의 실거래가를 알고 있을 정도니, 정말 편리한 것 같습니다. 부동산 시장은 공급과 수요, 금리, 통화량 등 여러 가지 변수가 적용하는데요. 그런 전체적인 변수를 직관적으로 볼 수 있는 사이트입니다.

이번 장을 정리하겠습니다. 대출을 취급할 때, 삼성평가서 말고도 여러 자료를 검토하고, 비교해보는 것이 좋습니다. 그래야 정확도가 높아지기 때문입니다. 저는 최대한 다양한 자료를 모으고, 그 자료를 기반으로 판단하는 것을 좋아합니다. 자료가 많을수록 판단의 정확도가 높아진다고 생각하기 때문입니다.

대출은 직원 혼자서
할 수 없다고요?

대출 업무를 하다 보면 많은 사람을 만나게 됩니다. 지점에서 수신 (예금) 업무를 할 때는 예금 업무를 하러 오시는 손님들만 응대하면 되었는데, 대출 업무는 그렇지 않더라고요. 대출을 의뢰하는 대출 모집인, 부동산의 가치를 평가해주는 부동산 감정평가사, 담보 설정을 대리하는 법무사 등 여러 사람들의 도움을 받아야 합니다. 이번 장에서는 대출 업무를 할 때, 어떤 사람들을 만나는지 말씀드리도록 하겠습니다.

첫째, 법무사입니다. 은행에서 담보 대출을 취급할 때는 일반적으로 저당권 설정 방식으로 담보를 설정합니다. 고객이 대출 서류를 작성할 때 저당권 설정 서류도 함께 작성하게 되는데요. 하지만 서류 작성만으로는 끝이 아닙니다. 저당권 설정 서류를 등기소에 접수해야 법적 효력이 발생하기 때문입니다. 법무사는 은행을 대리해서 이러한 등기소 접

수 업무를 합니다. 실제 업무 현장에서는 법무사 직원(실장, 부장, 사무장)들이 이 실무를 담당합니다.

대출 업무를 하면서 가장 많은 소통을 하는 사람이 바로 법무사 실장님일 것 같습니다. 신규 대출 취급 시의 저당권 설정부터 대출금 상환 시의 저당권 해지까지, 수많은 법무 업무를 담당하시기 때문이죠. 처음 대출 업무를 시작했을 때는 법률 지식이 부족해서 업무 처리에 어려움이 많았는데요. 그럴 때마다 법무사 실장님께 문의드리며 많은 도움을 받을 수 있었습니다.

두 번째는 감정평가사입니다. 감정평가사는 부동산 담보물의 가격을 산정하는 전문가입니다. 담보 대출을 취급할 때 기준이 되는 가격이 바로 감정평가사가 책정한 감정평가 금액이죠. 사실 담보 대출을 취급할 때 감정평가 금액은 매우 중요합니다. 대출 가능 금액을 판단하는 일차적인 기준이 되기 때문입니다.

처음 대출 업무를 맡았을 때는 부동산에 대한 지식이 부족했기에 감정평가사님의 도움을 많이 받았는데요. 귀찮으실 정도로 가격 산정 근거에 대해 자주 여쭤보았고, 그때의 경험이 지금의 대출 업무에 큰 도움이 되고 있습니다.

여러분께서도 그냥 감정평가서의 금액을 수용하지 마시고, 이것은 왜 가격이 이렇게 나온 건지 깊이 고민하고, 공부하시면 부동산에 대한 이해가 높아져서 앞으로 대출 업무를 하는 데 많은 도움이 되실 것입니다.

세 번째는 부동산 신탁회사입니다. 대부분의 담보 대출이 저당권 설정 방식으로 취급되지만, 가끔 신탁 방식으로 대출을 취급하는 경우도 있습니다. 바로 담보신탁, 관리형 토지신탁 등의 방식인데요. 이런 경우에는 부동산을 신탁회사에 신탁해야 하기 때문에 신탁회사가 필요합니다. 우리나라에는 여러 신탁회사가 있는데, 대부분 금융지주계열사 회사라 재무구조가 안전합니다. 신탁 대출에 대해서는 뒤에서 더 자세히 설명해드리도록 하겠습니다.

네 번째는 법무법인입니다. 대부분의 대출은 지점에서 개별 대출 약정을 합니다. 대출 손님이 지점으로 방문해 대출 서류에 서명하는 것이죠. 가끔씩 법무법인에서 대출 서류를 작성하기도 합니다. 보통 거액의 공동 대출(PF 대출 포함)을 할 때 이뤄지는데요, 이런 경우에는 여러 금융기관이 컨소시엄 형태로 대출을 취급하기 때문에, 법무법인에서 작성한 대출 약정서를 사용합니다. 대출 약정서를 바이블이라고 표현하기도 하는데요. 각 금융기관마다 약관 및 규정이 다르기 때문에 각자의 서식이 아니라, 법무법인에서 만든 대표 약정서를 사용하는 것입니다.

다섯 번째는 대출 모집인입니다. 제가 대출 업무를 하면서 느낀 게 손님들이 대출을 받기 위해 은행에 직접 찾아오시는 경우가 드물다는 것입니다. 대부분 대출 모집인들을 통해서 대출이 접수되었는데요. 대출 모집인은 은행과 협약해서 손님과 은행의 대출을 연결해주는 사람입니다. 은행에 대출을 주선하고, 은행으로부터 소개 수수료를 받는 것이죠.

대출 모집인이 접수하는 대출은 더욱 신중하게 검토해야 합니다. 접수되는 모든 물건을 무조건 취급해서는 안 되며, 대출 모집인이 가져오는 건들을 꼼꼼히 검토하고 분석한 후 리스크가 낮은 것만 선별적으로 취급해야 합니다.

앞에서 말씀드린 것처럼 단순히 규정에 부합한다고 해서 모든 대출을 취급해서는 안 됩니다. 규정을 충족하는 대출이라 하더라도 사업성과 리스크를 면밀히 파악해야 하죠.

은행에 협약된 대출 모집(법)인뿐만 아니라 여러 곳에서 대출을 의뢰합니다. 앞서 설명해드렸던 법무사 사무실에서도 대출을 의뢰하고요, 증권사, 자산운용사에서도 대출을 의뢰합니다. 특히, 증권사에서 취급하는 대출은 규모가 큰 부동산 대출입니다. 브릿지 대출, PF 대출같이 규모가 큰 것들을 주로 취급하죠.

여러분이 근무하시면서 앞으로 많은 대출 모집인들을 만나게 될 것입 니다. 간혹 대출 모집인과의 친분 때문에 리스크가 높은 대출을 취급하는 경우가 있는데요. 이런 경우는 결과가 좋았던 적이 없었습니다.

대출 모집인과는 적절한 거리를 유지하고, 공정한 기준으로 대출을 취급하시길 바랍니다.

　지금까지 법무사부터 대출 모집인까지 대출 업무를 하면서 만나게 되는 거래처에 대해서 알아봤는데요. 이분들은 하나같이 저희를 도와주는 고마운 분들입니다. 가끔 갑을 관계로 생각하고, 예의를 갖추지 않고 무례하게 대하는 분들이 계시는데요. 제가 여러분께 당부드리고 싶은 것은 이 업계가 굉장히 좁다는 것입니다. 제 경험상 비밀이 없다고 해도 과언이 아니에요. 그러니까 여러분이 만나는 모든 사람에게 친절하고, 예의 바르게 행동하시는 것이 좋습니다. 바르지 못한 행동으로 회사를 관두는 경우도 많이 봤습니다. 항상 행동에 유의하고, 기본에 충실한 자세를 잊지 않으시길 바랍니다.

대출 손님이 없습니다

저는 대출 업무를 잘하려면 여러 가지 능력이 필요하다고 생각합니다. 대출을 정확히 분석하고, 규정에 맞게 취급하며, 잘 관리하는 능력 등 정말 다양한 역량이 요구되죠. 이외에도 제가 특히 강조하고 싶은 것이 바로 영업력입니다. '무슨 은행원이 영업사원도 아니고 영업력이 필요하냐'고요? '그냥 은행 창구에 앉아서 내방하는 손님만 응대하면 되는 것 아니냐'고요? 저도 은행에서 근무하기 전에는 그렇게 생각했습니다.

하지만 막상 현업에서 일해보니 전혀 그렇지 않더라고요. 보험, 카드, 예금, 자동이체, 가맹점 등 모든 것이 다 영업이었습니다. 대출도 마찬가지죠. 이런 실적은 가만히 앉아 있다고 해서 채워지는 게 아닙니다. 열심히 발로 뛰고 손님께 적극적으로 권유해야 유치할 수 있는 실적들이죠.

앞 장에서도 말씀드렸지만, 요즈음은 대출을 받기 위해 창구에 찾아오는 손님이 많지 않습니다. 가끔 은행에 볼일을 보러 갈 때면 예금 창구는 대기자가 많은데, 대출 창구는 비어 있는 것을 보고 대출 창구는 참 한가하다고 생각했었는데요. 막상 제가 은행원이 되어 대출 부서에서 일해보니, 그게 아니더라고요. 창구에 손님만 없을 뿐, 엄청 바쁘더라고요. 대출 모집인이 접수한 대출을 검토하고, 대출 실행을 위해 서류를 작성하는 등 시간이 오래 걸리는 업무가 잔뜩 있었습니다. 지금은 좀 나아졌지만, 대출팀은 항상 9~10시까지 야근을 해야 했습니다.

제가 앞에서 은행원도 영업력이 중요하다고 말씀드렸는데요. 특히, 대출도 영업력이 중요합니다. 앞에서 말씀드린 것처럼 창구에 앉아 있는다고 손님이 오지 않기 때문에, 적극적으로 영업을 해야 합니다. 물론, 은행과 협약된 대출 모집인이 대출 물건을 가져오기도 하지만, 대출 모집인에게 의지하는 것도 좋은 방법은 아닙니다. 대출 모집인에게 의지하면, 실적을 채우기 위해 리스크가 높은 대출도 어쩔 수 없이 취급해야 하는 경우도 생길 수 있기 때문입니다. 그래서 자체 영업력이 있어야, 우량하고 안전한 대출을 취급할 수 있는 것이죠.

재미있는 사실은요. 대출 모집인도 급이 나뉜다는 것입니다. A급 우량한 대출을 취급하는 모집인과 B, C급 대출을 취급하는 모집인들이 있는 것이죠. 제 경험상 양질의 우량 대출을 의뢰하는 모집인은 이후에도 계속 우량 대출을 의뢰하고, 질이 좋지 않은 대출을 의뢰하는 모집인은 다음에도 역시 부실한 대출을 의뢰하는 경향이 있습니다.

중요한 것은 여러분이 많은 대출 모집인과 영업처를 알고 있어야 하며, 자체 영업망도 구축되어 있어야 한다는 점입니다. 그래야만 좋은 대출을 취급할 수 있기 때문이죠. 은행에서 말하는 '좋은 대출'이란, 수익성과 안정성이 모두 높은 대출을 의미합니다. 뒤에서 좋은 대출이 무엇인지 자세히 설명해드리겠지만, 이러한 우량 대출은 금융기관들이 서로 유치하려고 경쟁합니다. 그렇기에 뛰어난 영업력을 갖추어야만 좋은 대출을 취급할 수 있는 것입니다.

개인적으로 저는 영업력을 키우기 위해 여러 모임을 나가기도 하고, 저를 홍보하고자 대출에 관한 SNS를 홍보하기도 했습니다. 이런 노력을 하니, 여러 곳에서 대출 문의가 많이 왔고 우량한 대출을 취급할 수 있었죠. 금융기관의 수익성에서 대출은 굉장히 중요한 역할을 합니다. 사실상 예대마진이 주요 수익인 은행에서는 대출 수익에 따라서 수익성이 판가름 납니다. 그만큼 대출을 취급하는 여러분의 역할이 중요하다는 것입니다.

저는 대출 업무가 종합예술이라고 생각합니다. 분석력, 영업력, 청렴성, 성실성 등 여러 능력을 고루 갖추어야 잘할 수 있는 일이라고 생각합니다. 그만큼 어려운 일이지만, 또한 보람 있는 일입니다. 여러분의 능력을 키우고, 그 능력을 기반으로 올바른 대출 업무를 하시길 기대합니다.

좋은 대출이란?

    손님이 대출을 신청했을 때, 은행에서 모든 대출을 다 취급할 수 있는 것은 아닙니다. 어떤 대출은 승인이 나서 실행되고, 어떤 대출은 부결되어 취급하지 못하죠. 제가 처음 대출 업무를 담당했을 때, 주된 업무 중 하나가 대출 서류를 결재받는 일이었습니다. 고객으로부터 받은 대출 서류를 정리해서 심의위원회의 심의를 받고, 책임자에게 최종 결재를 받는 과정이었죠. 그 당시에는 제가 신입 직원이었기 때문에 어떤 기준으로 승인과 부결이 결정되는지 알지 못했습니다. 단순히 승인 여부를 기계적으로 손님께 통보하는 것이 전부였죠.

    하지만 경력이 쌓이고 대출 취급 건수가 늘어나면서, 점차 어떤 대출이 승인되고 어떤 대출이 부결되는지 그 기준을 파악할 수 있게 되었습니다. 물론, 금융기관, 담당자마다 조금씩 다를 수 있지만, 기본적으로

'좋은 대출'에 대한 공통된 시각을 가지고 있습니다.

이번 장에서는 '좋은 대출'이란 어떤 대출인지 한번 알아보도록 하겠습니다.

은행에서 좋은 대출이란, 안정성과 수익성이 높은 대출입니다. 은행은 비영리기관이 아닙니다. 새마을금고나 농협 같은 상호금융기관도 표면적으로는 비영리기관이지만, 그렇다고 수익성을 배제할 수 없습니다. 사실상 이익이 나지 않으면, 존폐 위기에 빠질 수 있으니까요. 수익을 1순위로 생각하지 않는다는 것뿐이지, 비영리기관도 수익이 나야만 존속할 수 있습니다.

은행의 주요 수익원은 예대마진입니다. 고객의 예금을 대출로 운용해 수익을 창출하는 것이죠. 최근 은행의 비이자 수익이 점점 증가하고 있지만, 아직은 이자 수익이 가장 큰 비중을 차지하고 있습니다.

그래서 좋은 대출의 첫 번째 조건은 높은 수익성입니다. 즉, 이자율이 높은 대출이 좋은 대출이 되는 것이죠. 예를 들어, 4%의 이자율과 6%의 이자율이 있다면, 어느 쪽이 수익성이 더 높을까요? 당연히 금리가 높은 6% 대출일 것입니다. 일반적으로 이자율이 높은 대출을 많이 보유할수록 예대마진이 커지고 수익성이 높아지게 됩니다.

그런데 주의해야 할 것이 있습니다. 아무리 대출 이자율이 높다고 하더라도 대출의 부실이 생겨서 대출 이자를 받지 못한다면 어떻게 될까요? 이자율이 10%라고 하더라도, 받지 못한다면 0%의 이자율이 되는 것입니다. 즉, 무수익 대출이 되는 것이죠.

그래서 좋은 대출의 두 번째 조건이 바로 안정성입니다. 수익성은 대출 이자율로 판단할 수 있다면, 안정성은 어떻게 판단할 수 있을까요? 안정성은 대출 기간 동안 대출금을 얼마나 충실히 상환할 수 있는지로 판단합니다. 앞에서 말씀드린 것처럼 아무리 이자율이 높더라도 대출 이자를 제대로 납부하지 못한다면 의미가 없기 때문입니다.

보수적인 1금융권 은행은 수익성보다 안정성을 더 중시합니다. 반면 2금융, 3금융으로 갈수록 안정성보다 수익성을 우선시하는 경향이 있습니다. 대출금이 부실화될 가능성을 감안하면서도 고수익의 대출을 취급하는 것이죠. 제가 근무하는 곳은 안정성을 더 중요하게 여기기 때문에, 저 역시 수익성보다는 안정성에 비중을 두고 대출 업무를 진행해 왔습니다.

그럼, 손님이 대출을 잘 상환할지를 어떻게 알 수 있을까요? 은행원이 점쟁이도 아니고 손님의 관상을 보고 이 사람이 연체할 사람인지, 아닌지 판단할 수는 없잖아요. 그래서 은행에서는 손님께 여러 서류를 요청합니다. 재직증명서, 원천징수영수증 등의 서류를 받고, 신용등급을 조회해서 기본적인 사항을 체크합니다.

제 경험상 가장 중요한 기준 두 가지가 손님의 신용도와 소득 수준입니다. 은행에서는 신용도가 좋을수록, 대출 금리와 한도에 혜택을 줍니다. 즉, 신용등급이 좋은 사람은 연체할 확률이 낮은 우량 고객이기 때문에 그만큼 우대해주는 것이죠. 많이들 착각하시는 것이 본인의 신용등급이 우량할 것이라고 생각한다는 것입니다. 그런데 은행 거래 실적이 없으면, 신용도는 대부분 보통 정도입니다. 신용카드도 사용하고, 대출도 받아서 잘 상환해야 신용도가 높아지는 것이죠. 그래서 신용도가 높은 고객은 지금까지 금융거래를 성실히 해온 분들이기 때문에, 은행에서도 안정적인 대출 거래가 가능한 것입니다.

신용도만큼 중요한 것이 소득 수준과 근로 형태입니다. 소득이 높고 안정적인 회사에서 정규직으로 오래 근무할수록 우량 고객으로 평가할 수 있기 때문인데요. 제 경험상 소득이 높은 자영업자보다 소득이 다소 낮더라도 정규직 근로자가 연체할 확률이 더 낮았습니다. 자영업자는 소득이 불안정하고 여러 리스크에 노출되어 있는 반면, 정규직 근로자는 안정적인 수입 구조를 가지고 있기 때문이죠.

앞에서 말씀드린 것처럼 수익성과 안정성, 두 마리 토끼를 모두 잡는 것은 쉽지 않습니다. 저는 안정성이 수익성보다 우선시되어야 한다고 생각하는데요. 뒤에서도 다루겠지만, 대출이 부실이 되면 은행의 재무 구조에도 악영향을 미칩니다. 그래서 안정적으로 대출을 운용하는 것이 중요한 것입니다.

이번 장을 마무리하겠습니다.

좋은 대출이란, 안정성과 수익성이 모두 우수한 대출을 말합니다. 두 가지 요소 모두 중요하지만, 대체로 안정성과 수익성은 반비례 관계에 있습니다. 금융기관마다 수익성과 안정성을 추구하는 기준이 다른데요.

저는 아직 경력이 많지 않은 초보자라면, 안정성을 우선시하는 대출을 취급하시기를 권해드립니다. 안정성이 확보된 대출을 먼저 경험해보고, 충분한 경력이 쌓인 후에 리스크는 있지만, 수익성이 높은 대출을 취급하는 것이 비교적 안전하기 때문입니다.

우리는 좋은 대출만
취급할 수는 없습니다

앞에서 좋은 대출이란, 수익성과 안정성이 모두 갖춰진 대출이라고 말씀드렸습니다. 하지만 수익성과 안정성을 모두 갖춘 대출은 드뭅니다. 대출 금리는 수요와 공급에 의해서 정해집니다. 즉, 대출을 취급하려는 은행이 많을수록 대출 금리는 내려갑니다. 반대로 대출을 취급하려는 은행이 적을수록 대출 금리는 올라갑니다. 안정성이 높은 우량한 대출은 은행 간 경쟁이 심해서, 대출 금리가 낮은데요.

예를 들어, 연봉 1억 원의 대기업을 다니는 손님이 강남의 아파트를 담보로 대출을 받는다고 해보겠습니다. 이 경우에 손님의 소득이 높고 우량한 아파트 대출이기 때문에 대출 금리가 낮습니다. 안정성이 높기 때문에 대출 금리가 낮은 것이죠. 반면, 현재 소득이 일정하지 않은 프리랜서가 공실 상가를 담보로 대출을 받는다면 어떨까요? 이 경우에는 안정성이 부족하기 때문에 대출을 해주는 기관이 많이 없거나, 해주더라도 한도가 적습니다. 대출을 해주는 곳이 많지 않기 때문에 대출 금리가 높을 수밖에 없습니다.

제가 10년간 대출 업무를 하면서 느낀 점은 우량한 대출만 취급할 수는 없다는 것입니다. 물론, 금융기관의 특성에 따라 조금씩 다릅니다. 1금융권 은행은 가장 보수적입니다. 수익성보다 안정성에 포커스를 맞춥니다. 반면에 2금융권 금융기관은 수익성을 중요시합니다. 이는 수익의 구조 때문인데요. 1금융권 은행은 조달(예금, 채권) 이자율이 낮습니다. 그래서 대출 이자율이 높지 않더라도 충분한 수익성을 유지할 수 있습니다. 반면, 2금융권 금융기관은 조달 금리가 높습니다. 1금융권 은행보다 안정성이 떨어지기 때문에 상대적으로 높은 조달 금리가 발생하며, 그로 인해 수익성이 높은 고금리 대출을 운용해야 수익성이 유지가 되는 것입니다.

예를 들어, 1금융권 은행의 1년 정기예금 이자율이 3%일 때, 2금융권 금융기관은 최소 3.5% 이상의 이자율을 제시해야 예금 고객을 유치할 수 있습니다. 당연히 대출 금리 역시 1금융권 은행보다 2금융권이 높아질 수밖에 없죠. 그렇기 때문에 2금융권 종사자는 대출에 대한 리스크를 효과적으로 관리할 수 있어야 합니다. 구조적으로 수익성이 높으면서 동시에 리스크도 높은 대출을 취급해야 하기 때문입니다.

대출에 대한 리스크는 크게 두 가지로 분류할 수 있습니다. 바로 채무자에 대한 리스크와 부동산 담보에 대한 리스크인데요. 채무자에 대한 평가는 신용도와 소득 및 고용 상태로 판단할 수 있고, 담보에 대한 평가는 부동산의 가치로 판단합니다. 일반적으로 채무자와 부동산 담보 모두에서 리스크가 크다고 판단되면 대출을 취급하지 않습니다. 반면 이 둘 중 하나만 리스크가 있다고 판단되면, 대출을 검토하게 되죠. 이제 하나씩 자세히 살펴보도록 하겠습니다.

먼저, 채무자는 우량하나 담보가 불량한 경우를 살펴보겠습니다. 예를 들어, 채무자가 신용과 소득이 매우 우수한 변호사라고 가정해보겠습니다. 하지만 담보로 제공할 부동산이 강원도 지역의 생활형 숙박시설인데요. 생활형 숙박시설은 안정성이 부족한 담보물이라 금융기관에서 기피하는 물건입니다. 변호사의 소득이 높다 하더라도, 부동산 자체에서 현금 흐름(월세 소득)이 발생하지 않는다면 대출 이자를 감당하기 어려울 수 있습니다. 담보 물건 자체의 가치가 낮다면 부실을 예상할 수 있는 것이죠.

저는 이처럼 부동산 담보의 부실이 예상되면 대출을 보수적으로 판단합니다. 부실이 발생하면 결국 부동산의 환가 조치(경매·공매)를 통해 대출을 상환받아야 하는데, 부동산 담보 자체의 안정성이 떨어지는 경우에는 환가가 지연되어 장기 부실로 이어지는 경우가 많기 때문입니다.

두 번째, 채무자의 안정성은 떨어지나, 담보의 안정성이 우수한 경우입니다. 예를 들어, 채무자는 소득이 일정하지 않은 프리랜서이지만, 부동산 담보물은 부모님께 상속받은 강남의 꼬마빌딩입니다. 프리랜서는 소득이 일정치 않기 때문에 채무자의 안정성은 떨어집니다. 하지만 담보가 강남의 부동산이기 때문에 안정성이 높습니다.

제 경험상 채무자의 안정성이 다소 떨어지더라도 담보가 우수하다면 대출을 적극적으로 검토합니다. 부동산 담보가 우량한 경우에는 부실이 발생할 확률이 낮고, 설령 부실이 발생하더라도 환가성이 우수해 부실이 신속히 해소되기 때문입니다.

부동산 담보 대출에서는 실질적인 담보가 채무자가 아닌 부동산입니다. 대출을 취급하지 못할 정도의 채무자 결격사유가 없다면, 채무자보다는 부동산의 담보 상태가 더 중요한 판단 기준이 되는 것이죠.

저는 부동산 담보 대출을 취급할 때, 혹여나 부실이 생기더라도 대출금을 잘 회수할 수 있을지를 중요하게 생각합니다. 제 경험상 대출이 부실이 생기면, 채무자의 상태 또한 문제가 생기더라고요. 직장을 잃는다거나, 개인회생이나 파산 같은 채무조정을 신청하는 것입니다. 그래서 대출 당시에 신용도가 우수하고 소득이 높았더라도, 부실 대출이 발생하면 신용도와 소득 상태 모두 문제가 생기는 것을 자주 봤습니다.

하지만 부동산은 그 의미 그대로 '움직이지 않는 재산'입니다. 국가 전체가 흔들릴 정도의 경제 위기가 아니라면, 부동산의 가치는 안정적으로 유지되기 마련입니다. 특히 우량한 부동산의 경우에는 가치가 하락하는 일이 드물고, 오히려 경제 위기 상황에서도 그 가치가 상승하는 경향이 있습니다. 그래서 설령 대출이 부실화되더라도, 부동산의 가치가 유지되는 한 대출금 회수가 용이한 것입니다.

이번 장을 정리하겠습니다. 대출 업무를 하면서 항상 안정적인 대출만을 취급할 수는 없습니다. 때로는 안정성이 다소 부족하더라도 수익성이 높은 대출을 취급하기도 하는데요. 저는 채무자와 부동산 담보 중 하나를 선택해야 한다면, 좋은 담보를 선택합니다. 담보 대출은 부실이 발생하더라도 대출금을 '회수할 수 있는지'가 가장 중요하기 때문입니다.

물론 이것이 절대적인 정답은 아닙니다. 대출에는 여러 변수가 존재하기 때문에, 상황에 따라 다른 선택을 할 수도 있습니다. 제가 여러분께 말씀드리고 싶은 핵심은 이처럼 '리스크를 분류하고, 자신만의 기준을 수립하는 것이 중요하다'라는 점입니다.

앞으로도 제가 가진 기준들을 소개해드리면서, 여러분이 각자의 기준을 세우실 수 있도록 가이드라인을 제시해드리도록 하겠습니다.

부동산 침체기에 대출을
취급하는 것이 망설여집니다

2019~2022년까지 우리나라 부동산 시장은 호황기였습니다. 코로나19로 인한 저금리 대책 때문에 통화량이 급증했고, 부동산뿐만 아니라 주식, 코인 등의 자산의 가격이 올랐습니다. 사람들이 삼삼오오 모이면 부동산 이야기를 했고, 집을 여러 채 가지고 있는 다주택자들과 집이 없는 무주택자들의 자산 격차가 심화되었습니다. 이 시기에 '영끌'이라는 신조어가 생겼습니다. '영혼까지 끌어모아서 부동산을 구입하는 것'의 줄임말을 '영끌'이라고 하는데요. 젊은 층은 대출을 무리하게 받아서라도 자산을 구입했습니다. 이때는 금리도 낮았기 때문에 대출을 많이 받더라도, 이자 부담이 크지 않았습니다. 아파트 대출을 받으면 대출 이자율이 2% 중반 정도밖에 되지 않았습니다. 지금 대출 이자율이 4%대이니 거의 절반 수준이네요.

지금은 분위기가 180도 바뀌었습니다. 금리는 많이 올랐고, 부동산의 가격은 많이 내려갔습니다. 세계적인 투자자 워런 버핏(Warren Buffett)은 말했습니다. "수영장의 물이 빠지면 누가 벌거벗고 수영을 하고 있는지 알 수 있다." 자신의 기초 체력(자산, 소득)보다 대출을 많이 받아서 자산을 보유하고 있던 사람들은 높아진 대출 이자를 감당하지 못하게 되었습니다. 대출 부실이 증가했고, 금융기관의 대출 심사 기준도 까다로워졌습니다. 대출의 부실이 늘어나니, 신규 대출은 더 보수적으로 검토할 수밖에 없는 것이죠.

부동산 침체기에는 대출 취급이 쉽지 않습니다. 부동산 경기가 좋지 않다 보니, 취급한 대출이 곧바로 부실화될까 봐 두렵기 때문입니다. 하지만 저는 생각이 조금 다릅니다. 오히려 부동산 침체기에 대출을 취급하는 것이 호황기에 취급하는 것보다 더 안전할 수 있다고 생각하는데요. 이런 말씀을 드리는 것이 조심스럽지만, 지금부터 제 생각을 말씀드려보도록 하겠습니다.

"공포에 사서, 탐욕에 팔아라." 이 말, 많이 들어보셨을 것입니다. 워런 버핏이 주식 시장에 대해서 한 말이지만, 이 말은 부동산 시장에도 적용할 수 있습니다. 투자의 핵심은 '싸게 사서, 비싸게 파는 것'입니다. 굉장히 단순하죠. 그럼 언제 싸게 살 수 있을까요? 사람들이 관심을 가지지 않을 때 싸게 살 수 있을 것입니다. 주식 시장이 폭락했을 때, 부동산 시장이 침체기일 때, 싸게 살 수 있는 것이죠.

대출 이야기를 하다가 갑자기 왜 제가 투자에 관한 이야기를 드리는지 궁금하시죠. 저는 대출 또한 투자와 비슷하다고 생각합니다. 부동산 침체기에 아무도 부동산에 관심을 가지지 않듯이, 금융기관에서도 부동산에 대한 대출을 꺼립니다. 그런데 오히려 부동산 침체기에 취급하는 대출 금액이 부동산 호황기에 취급하는 대출 금액보다 적다면, 절대적인 대출 금액이 작은 게 더 안전하지 않을까요?

예를 들어서 말씀드려보겠습니다. 시세가 20억 원이었던 부동산이 부동산 침체기에 10억 원이 되었다고 가정해보겠습니다. 두 시점의 대출 취급액을 비교해보면, 호황기에는 시세 20억 원의 70%인 14억 원까지 대출이 가능했을 것입니다. 반면 침체기에는 시세 10억 원의 70%인 7억 원까지만 대출이 가능하죠. 이는 동일한 부동산에 대한 이야기입니다. 단지 호황기와 침체기에 따라 부동산 가격만 달라진 것이죠. 침체기에는 부동산의 절대 가격이 낮아졌기 때문에 대출 금액도 자연스럽게 낮아집니다. 이러한 이유로 오히려 더 안전할 수 있는 것입니다.

부동산 호황기에 자기자본 6억 원에 14억 원의 대출을 받아 20억 원의 자산을 구입했다고 가정해보겠습니다. 호황기에는 부동산 가격이 상승하는데, 만약 부동산 가격이 20억 원에서 25억 원으로 올랐다고 해보죠. 이때 대출 금액은 그대로 14억 원이지만, 자기자본은 6억 원에서 11억 원으로 늘어납니다. 만약 이 시점에서 부동산을 매도한다면 11억 원의 자본이 확보된다는 의미입니다(세금 및 비용 제외).

하지만 이렇게 좋은 시나리오만 있는 것은 아닙니다. 부동산 호황기 끝물이 되면 올라간 가격이 내려가기도 하는데요. 20억 원에 매입한 부동산의 시세가 떨어져서, 15억 원이 되었다면 어떻게 될까요? 대출 금액은 14억 원으로 그대로인 반면, 자기자본은 6억 원에서 1억 원으로 줄어들게 됩니다. 즉, 가격이 올라가면 다행이지만, 가격이 내려가면 큰 리스크가 될 수 있습니다. 부동산 호황기 뒤에는 침체기가 올 수 있기 때문에 이런 리스크를 고려해야 하는 것이죠.

이번에는 부동산 침체기의 경우를 살펴보겠습니다. 10억 원의 자산을 매입하고 7억 원의 대출을 받은 상황을 가정해보면, 침체기에는 자산 가격이 추가로 하락할 확률이 상대적으로 낮습니다. 이미 가격이 상당히 내려간 상태이기 때문에, 설령 추가 하락이 있더라도 그 변동 폭이 크지 않을 것입니다. 이처럼 가격 변동성이 제한적이기 때문에 대출에 대한 리스크 역시 크지 않다고 볼 수 있습니다.

가장 중요한 점은 20억 원짜리 부동산과 10억 원짜리 부동산이 사실은 동일한 부동산이라는 것입니다(실제로는 가격 차이가 이렇게 크지는 않습니다). 다시 말해, 같은 부동산에 대해 호황기에는 14억 원의 대출을 취급하고, 불황기에는 7억 원의 대출을 취급하는 것이죠. 물론 취급 시점의 부동산 가격은 다르지만, 제가 강조해드리고 싶은 것은 침체기에 취급하는 대출 금액이 더 적다는 점입니다.

또한, 부동산은 사이클이 있습니다. '부동산 상승기 → 후퇴기 → 하향기 → 회복기 → 상승기 → 후퇴기', 이와 같은 사이클을 반복합니다. 즉, 후퇴기와 하향기에 부동산의 가격이 10억 원으로 낮아졌을 때, 그 가격이 계속 낮은 수준으로 유지되는 것이 아니라 시간이 지나 회복기, 상승기를 거쳐 다시 가격이 올라갈 수 있다는 것입니다. 담보물의 가격이 10억 원일 때 대출을 취급한 후, 회복기와 상승기를 거쳐 부동산 가격이 상승할 수 있다는 것이죠. 예를 들어, 10억 원의 가격이 다시 20억 원이 된다면 대출 7억 원에 자기자본이 13억 원으로, 담보비율(LTV)이 매우 낮아지게 되는 것입니다.

이것말고도 부동산 침체기에 대출을 취급하는 것에 대한 장점이 또 있습니다. 바로, 높은 수익성인데요. 제가 앞에서 대출 금리는 수요와 공급에 의해 정해진다고 말씀드렸습니다. 대출을 공급하는 은행이 많을수록, 대출 금리가 낮아지는데요. 부동산 침체기에는 모든 금융기관이 보수적으로 바뀌기 때문에, 대출에 대한 공급이 적어집니다. 물론, 부동산 침체기에 수요 또한 줄어들지만, 그건 자산 매입에 대한 수요이고, 기존에 자산을 가지고 있는 사람들의 대출 수요는 변하지 않습니다. 대출 수요 대비 대출 공급이 많이 줄어드는 것이죠. 그래서 부동산 침체기에는 대출 금리가 올라갑니다. 채무자는 대출도 받기 어려운데, 금리까지 높은 이중고를 겪습니다. 반면, 금융기관은 높은 금리로 수익성이 높은 대출을 취급할 수 있죠.

이번 장에서 말씀드린 내용은 절대 쉬운 내용이 아닙니다. 저 또한 대출에 대한 많은 경험과 저명한 경제학자, 투자자들의 지식을 통해서 깨달은 내용입니다. 이렇게 어려운 내용을 말씀드리는 것은 여러분께서 대출과 부동산에 대해 새로운 시각을 가지셨으면 하는 바람 때문입니다. 노파심에 다시 한번 강조해드리지만, 제가 말씀드린 내용이 절대적인 정답은 아닙니다. 이는 일률적으로 적용할 수 있는 이론적 지식이 아니라, 상황에 따라 다르게 적용해야 하는 실전 지식입니다. 이 점을 꼭 기억해주시기 바랍니다.

개인 vs
개인사업자

여러분은 개인과 개인사업자의 차이에 대해서 알고 계시나요? 부끄러운 일이지만, 저는 입사 후 한동안은 개인과 개인사업자에 대한 차이를 제대로 알지 못했습니다. 그래서 이번 장에서는 여러분께 개인과 개인사업자에 대한 차이에 대해 말씀드리도록 하겠습니다.

성인이 되면 경제활동을 시작합니다. 직장에 다니거나, 사업을 하거나 둘 중 하나를 선택하는데요. 대부분 대학교 졸업 후 바로 직장생활을 시작하기 때문에 사업에 대해서 잘 모릅니다. 저 또한 졸업 후 바로 취업했기 때문에 사업에 대해서는 잘 몰랐습니다. 요즈음에는 프리랜서도 많지만, 일반적으로 사업을 하면 사업자를 내야 하는데요. 지자체에 사업자를 등록하고, 사업자등록번호가 나와야 사업자라고 할 수 있습니다.

제가 개인과 개인사업자를 헷갈렸던 이유는 개인사업자 번호가 있더라도 실제 금융거래는 주민등록번호로 이루어지기 때문이었습니다. 개인사업자가 대출을 신청할 때 기업 대출(사업자 대출)로 진행해야 할지, 가계 대출로 진행해야 할지도 혼란스러웠죠. 누구도 명확히 알려주는 사람이 없어 참 답답했습니다.

이제는 두 가지의 차이를 정확히 알게 되었는데요. 개인사업자라 하더라도 가계대출을 받을 수도 있고, 기업 대출을 받을 수도 있습니다. 개인사업자라고 해서 무조건 사업자 대출만 받아야 하는 것이 아닌 거죠. 만약 대출의 용도가 가계자금이라면 가계자금 대출로 취급이 가능합니다.

예를 들어, 음식점을 운영하는 개인사업자가 본인이 거주할 목적으로 아파트를 분양받았다면, 대출의 목적이 가계자금이기 때문에 가계자금 대출로 분류됩니다. 대출을 받는 목적 자체가 주택을 구입해 본인이 개인적으로 거주하기 위함이기 때문입니다. 만약, 대출을 받는 목적이 인건비, 가게 임대료 등 사업 목적이라면 기업 대출로 분류되는 것이죠.

사례를 하나 더 들어보겠습니다. 요즘 인터넷 쇼핑몰 많이들 하시죠? 만약 손님이 인터넷 도소매업을 할 목적으로 오피스텔을 분양받았습니다. 이때 오피스텔 분양을 개인이 거주할 목적이 아닌, 인터넷 도

소매업을 하려는 목적이라고 한다면, 대출 목적 자체가 사업을 위한 것이므로 기업자금 대출로 분류합니다.

정리하자면, 일반 직장인이나 주부 같은 개인이 받는 대출은 모두 가계 대출로 분류합니다. 하지만 개인사업자는 대출을 받는 목적에 따라 가계자금 대출로 분류할 수도 있고, 기업자금 대출로 분류할 수도 있습니다. 문제는 개인사업자의 대출 용도가 가계 목적인지, 사업 목적인지 불분명할 때가 많다는 것입니다. 앞의 경우처럼 거주할 집을 구입한다거나 사업 목적의 부동산을 구입한다면 용도가 분명합니다. 하지만 개인사업자가 기존에 사는 주택을 담보로 대출을 받는다면, 이것은 가계자금 대출일까요? 기업자금 대출일까요?

앞에서 대출을 받는 목적에 따라 가계자금 대출과 기업자금 대출로 나뉜다고 했습니다. 즉, 개인사업자가 주택을 담보로 대출을 받더라도 그 목적이 사업자금이라면 기업자금 대출로 분류하는 것이고, 자금의 목적이 생활비 등 가계자금 목적이라면 가계자금 대출로 분류하는 것입니다.

하지만 실제 현장에서는 개인사업자의 자금 사용 목적을 정확히 구분하기가 쉽지 않습니다. 특히 규모가 작은 소호 사업자의 경우, 대기업과 달리 회계를 분리해서 관리하지 않는 경우가 많습니다. 사업용 계좌와 생활비 계좌를 구분 없이 사용하는 것이죠. 자금이 필요해서 대출을 받으러 오시는 사업자분들께 용도를 여쭤보면, 대부분 '생활비와 사업비' 등으로 포괄적으로 답하시곤 합니다.

만약, 여러분이 이 자금을 가계자금이라고 해석하면, 가계자금 대출 규제를 받아야 하는데요. 요즈음 가계자금 대출 규제가 심하기 때문에 가계자금으로 해석할 경우, DSR 규제를 받아야 하기에 원하는 만큼 대출이 나오지 않을 수도 있습니다. 물론, 그 반대의 경우도 존재합니다. 그래서 여러분이 개인사업자 대출을 상담할 때는 이런 점에 유의하셔야 하는데요. 여러분의 판단에 따라서 대출이 나올 수도 있고, 나오지 않을 수도 있기 때문입니다.

개인사업자
vs 법인사업자

앞 장에서는 개인과 개인사업자의 차이에 대해 설명드렸습니다. 이번 장에서는 개인사업자와 법인사업자의 차이점에 대해 말씀드리겠습니다.

저는 예전에 기업의 규모로 사업자 유형을 구분한다고 잘못 알고 있었습니다. 작은 규모는 개인사업자, 큰 규모는 법인사업자라고 단순히 생각했던 것입니다. 하지만 실제로는 큰 기업이든 작은 기업이든, 개인사업자나 법인사업자 모두 가능합니다. 다만 사업 규모가 커질수록 법인으로 전환하는 경우가 많아, 제가 이러한 오해를 하게 된 것입니다.

개인사업자와 법인사업자는 완전히 별개의 개념입니다. 앞서 개인이 사업을 시작하면 개인사업자가 된다고 말씀드렸는데요, 법인사업자는 개인사업자와 달리 독립된 법적 주체가 생긴다는 점에서 차이가 있습니다. 법인은 법률에서 정한 '사람'과 같은 개념으로, 법적 권리와 의무를 가지는 독립된 존재로 인정됩니다. 법인은 등기소에서 법인 설립등기가 완료되고 법인등기번호가 발급되어야 비로소 법인으로서 존재하게 됩니다.

법인과 개인의 가장 큰 차이점 중 하나는, 개인은 실체가 있지만, 법인은 실체가 없다는 점입니다. 예를 들어, 우리나라에서 가장 규모가 큰 법인인 삼성전자를 생각해보죠. 삼성전자라는 회사가 눈에 보이는 실물로 존재하는 것을 본 적이 있으신가요? 물론 삼성 로고는 많이 보셨겠지만, 회사 자체가 물리적 실체로 존재하지는 않습니다. 어떤 분들은 삼성전자의 이재용 회장이 곧 삼성이라고 생각하실 수 있지만, 엄밀히 말해 이재용 회장은 삼성전자의 주주이자 최고경영자일 뿐, 법인 그 자체는 아닙니다.

법인은 개인과 달리 실제 형체가 없고, 서류상에만 존재하는 개념입니다. 그렇다면 사람들은 왜 이런 '법인'을 만들었을까요? 분명히 어떤 이점이 있기 때문에 법인이라는 개념이 만들어졌을 것입니다. 이를 이해하려면 과거의 역사를 살펴볼 필요가 있습니다.

세계에서 처음 법인을 설립한 나라는 네덜란드이며, 회사명은 동인도 주식회사(Vereenigde Oostindische Compagnie, VOC)입니다. 동인도 주식회사는 1602년에 설립되었습니다. 이 회사가 설립된 이유는 주로 동양에서의 무역 활동을 조직화하고 통제하기 위한 목적이었습니다. 당시 네덜란드는 아시아 무역에 큰 관심을 가지고 있었고, 동인도회사는 네덜란드 동인도의 무역을 주도하며 아시아에서의 영향력을 증대시키고자 설립되었습니다.

이 회사는 중세 시대의 동맹 상인들이 자본을 조달하고, 위험을 나누는 형태의 사업 모델을 체계적으로 발전시킨 형태로, 법인으로 설립된 최초의 기업 중 하나로 기록되고 있습니다. 쉽게 말하면, 무역 활동을 하고 싶은데 돈이 많이 드니 법인이라는 것을 설립하고, 여러 사람이 조금씩 투자한 셈이죠. 조금씩 나눠서 투자하니 부담이 적다는 장점이 있었습니다. 또한, 회사가 망하더라도 내 지분에 대한 투자금만 손해 보면 끝이니 리스크도 적었습니다. 이런 형태가 지금의 법인으로 발전한 것입니다.

그럼, 개인사업자와 법인사업자에 대한 대출은 어떤 차이가 있을까요? 앞에서 개인사업자는 사업 목적으로 대출을 받으면 기업자금 대출로 분류하고, 개인 목적이면 가계자금 대출로 분류한다고 했습니다. 법인사업자는 무조건 기업자금 대출로 분류합니다. 법인의 대출 목적이 가계자금일 수는 없으니까요. 법인은 형체가 없다고 말씀드렸는데요. 법인은 어떻게 대출을 받을수 있을까요? 법인의 실제 주인은 주주입니다. 주식을 소유하고 있는 사람이 법인의 주인인 것이죠. 주식은 여러 사람이 나눠서 소유할 수 있습니다. 우리나라 최대 기업인 삼성전자도 주주가 많습니다. 우리 같은 일반 투자자부터 외국인들, 그리고 기관투자자까지 삼성전자의 주주입니다.

그렇다면 법인이 대출을 받는다면, 주주들이 모두 동의해야 할까요? 그렇지는 않습니다. 대한민국 법인이 대출을 받을 때, 일반적으로 이사회의 결의만으로 충분합니다. 상법 제393조 제1항에 따르면, 회사의 중요한 자산의 처분이나 대규모 재산의 차입 등은 이사회의 결의 사항으로 규정되어 있습니다. 그러나 이사가 3인 미만인 소규모 회사의 경우, 이사회 구성이 불가능하므로 이러한 경우에는 주주총회의 결의로 대체해야 합니다. 즉, 이사가 1인 또는 2인인 회사는 이사회 대신 주주총회에서 대출과 같은 중요한 사항을 결정해야 합니다. 따라서, 회사의 이사 수에 따라 대출 시 필요한 결의 기관이 달라집니다. 이사가 3인 이상인 경우 이사회의 결의로 충분하며, 이사가 1인 또는 2인인 경우에는 주주총회의 결의가 필요합니다.

만약 법인이 대출을 받은 후 갚지 못한다면, 어떤 일이 일어날까요? 법인은 실제 사람처럼 형체가 있는 존재가 아니며, 이에 대해 앞서 세계 최초의 법인회사인 동인도회사 사례를 들어 설명해드렸습니다. 사실 법인을 설립한 주요 이유 중 하나는 바로, 설립자나 주주들이 개인적으로 책임을 지지 않도록 하기 위해서였습니다. 그 당시에도 자산이 많은 부자는 분명히 존재했을 것입니다. 그런데 그 부자가 무역 사업을 시작하고, 타인으로부터 투자를 받았다고 가정해보겠습니다. 만약 무역 사업이 실패로 돌아가 큰 손실이 발생했다면 어떻게 되었을까요? 이 부자는 자신의 재산을 모두 잃고, 다른 사람으로부터 받은 투자금까지 갚아야 했을 것입니다. 만약 가진 자산으로도 부채를 다 갚지 못했다면, 평생 동안 노동하며 빚을 갚아야 했고, 그렇게 생을 마감했을 가능성도 큽니다. 이를 채무의 무한책임이라고 합니다.

지금은 파산이나 개인회생 같은 채무조정 제도가 있지만, 당시에는 이러한 제도가 없었기에 빚을 갚지 못하면 그 채무가 자손에게도 이어져 갚아야 하는 경우가 많았습니다. 채무가 상속되는 방식이었던 것이죠. 법인은 유한책임 구조를 가집니다. 따라서 법인으로 사업을 운영하다가 실패하더라도, 법인의 주주는 투자한 자본금만 손실을 보게 되며 그것으로 끝입니다. 매우 간단하죠.

예를 들어, 은행이 법인에 대출을 해줬다가 법인이 채무불이행 상태에 빠져 빚을 갚지 못하게 된 상황을 생각해보세요. 은행은 법인에 채무 상환을 요구할 수 있지만, 법인의 주주나 대표이사에게까지 빚을 갚으라고 강제할 수 없습니다. 그들의 개인 재산을 처분할 수도 없습니다. 이는 법인이 유한책임을 가지기 때문입니다.

이러한 이유로 금융기관은 법인에 대출을 제공할 때 종종 법인의 대표 이사나 주요 주주에게 연대보증을 요구합니다. 연대보증이란, 법인이 대출금을 갚지 못할 경우, 해당 개인이 대신 책임을 져야 한다는 뜻이죠. 법인 대출을 진행할 때 연대보증 서류를 기계적으로 받아오셨다면, 이제 그 이유를 이해하셨을 것입니다. 법인의 유한책임 구조 때문에 금융기관이 법인의 채무를 개인적으로 보증받아 안전장치를 마련하려는 것이죠.

Chapter 02

일반 담보 대출

전세자금 대출,
취급해도 될까요?

가계자금 대출 중 아파트 담보 대출에 이어 많이 이용되는 대출이 바로 전세자금 대출입니다. 전세는 우리나라에서만 볼 수 있는 독특한 임대차 제도로, 다른 나라에서는 주로 매매와 월세, 두 가지 형태의 계약이 일반적입니다. 전세는 월세와 달리 매월 임차료를 내지 않고, 큰 목돈을 집주인에게 맡기고 그 대가로 거주하는 형태입니다. 전세금은 상당히 큰 금액이기 때문에 이를 전액 본인의 자금으로 충당하기는 쉽지 않습니다. 그래서 많은 사람들이 은행에서 전세자금 대출을 이용하게 됩니다. 대부분의 전세자금 대출은 보증서를 기반으로 이루어집니다. 서울보증보험, 주택도시보증공사 등 보증 기관에서 은행에 보증서를 발급해주면, 은행은 그 보증서를 담보로 해서 대출을 제공합니다.

하지만 여기서 의문이 생길 수 있습니다. 왜 일반 아파트 담보 대출에는 보증서를 제공하지 않으면서, 전세자금 대출에만 보증기관에서 보증서를 제공할까요? 그 이유는 전세라는 제도가 담보 면에서 안전하지 않기 때문입니다. 이를 이해하기 위해서는 주택임대차보호법에 대해 살펴볼 필요가 있습니다. 주택임대차보호법에 따르면, 세입자가 전입신고와 점유를 해야만 대항력이 생기게 됩니다. 이 대항력은 전세 세입자와 월세 세입자 모두에게 적용됩니다. 또한, 임대차 계약서에 확정일자를 받으면 세입자는 우선변제권을 가지게 되어, 전세금 보호가 조금 더 강화됩니다.

이해하기 어려운 용어들이 많죠? 하나씩 쉽게 설명해드리겠습니다.

먼저, 전세는 개인 간의 채권 계약입니다. 여기서 채권과 물권의 차이점을 알아볼 필요가 있습니다. 채권은 계약 당사자 간에만 효력이 있는 반면, 물권은 제3자에게도 효력이 미치는 권리입니다. 따라서 전세 계약은 채권 계약이므로, 그 효력은 집주인과 임차인 사이에서만 발생합니다.

하지만 만약 집주인이 집을 다른 사람에게 팔고 떠난다면, 임차인이 전세금을 돌려받기 어려운 상황이 생길 수 있습니다. 이러한 문제를 해결하기 위해 정부는 주택임대차보호법을 마련해 세입자의 전세금을 보호하고 있습니다. 이 법에 따르면, 임차인이 전입신고와 점유를 하면 집을 새로 소유하게 된 사람에게도 임차인의 권리를 주장할 수 있는 대항력이 생깁니다. 또한, 임대차 계약서에 확정일자를 받으면 우선변제권이 생겨, 집이 경매에 넘어가더라도 저당권 같은 물권처럼 임차인은 배당에서 우선순위를 가질 수 있습니다.

그렇다면 은행은 왜 이처럼 안전하지 않은 전세 채권을 담보로 대출을 해주게 된 것일까요? 당연히 초기에는 은행이 전세자금 대출을 꺼렸습니다. 전세자금 대출을 제공하면 세입자가 안고 있던 리스크가 은행으로 옮겨오기 때문이죠. 이처럼 전세자금 대출에 따르는 위험성 때문에 은행들은 이를 취급하기를 주저했습니다. 그러나 이후 정부가 보증보험회사를 통해 전세금에 대한 보증을 제공하면서, 은행들은 전세자금 대출을 보다 안전하게 취급할 수 있게 되었고, 전세자금 대출이 활성화된 것입니다.

결국, 은행이 전세금을 담보로 대출을 제공했을 때 부실이 발생하더라도, 은행은 보증보험사에 대출금 상환을 요청할 수 있습니다. 그러면 보증보험사가 은행에 대신 대출금을 상환해주는 구조인 것이죠. 이를 통해 은행은 전세자금 대출에서 발생할 수 있는 리스크를 줄이고, 보다 안정적으로 대출을 취급할 수 있게 됩니다. 하지만 모든 경우에 보증보험이 적용되는 것은 아닙니다. 예를 들어, 2주택 이상 소유자는 보증 보험 가입이 불가능하고, 전세 가격이 지나치게 높은 경우에도 보증 보험 가입이 어려울 수 있습니다. 이러한 경우에는 보증보험을 사용할 수 없기 때문에, 채권 양도 방식이나 질권 설정 방식으로 대출을 취급하게 됩니다.

전세는 채권이라고 말씀드렸습니다. 즉, 이는 임차인과 임대인 간의 채권 계약입니다. 임차인이 임대인에게 전세금을 지급하고 거주할 권리를 얻는 구조로, 이 과정에서 임차인은 임대인에게 전세금 반환채권을 가지게 됩니다. 은행은 이 전세금 반환채권을 양도받거나 질권 설정을 통해 담보로 확보해서 대출을 제공합니다.

채권양도 방식을 예로 들어 설명해보겠습니다. 전세금 반환채권의 채권자인 임차인으로부터 그 채권을 은행이 양도받게 되면, 은행이 새로운 전세금 반환채권의 채권자가 됩니다. 이렇게 되면 임대인은 나중에 전세금을 반환할 때 임차인이 아닌 은행에 전세금을 지급해야 합니다. 만약 임대인이 이 사실을 모르고 임차인에게 전세금을 돌려주고, 임차인이 은행에 대출금을 상환하지 않는다면, 은행은 임대인을 상대로 소송을 제기할 수 있습니다. 이는 전세금을 돌려받을 주체가 은행으로 변경되었음에도 임대인이 이를 준수하지 않고 임차인에게 전세금을 반환했기 때문입니다.

그러나 이 방식만으로는 완전한 안전을 보장하기 어렵습니다. 소송은 시간과 비용이 많이 들 뿐 아니라, 소송을 통해 승소하더라도 만약 집주인이 이미 부동산을 처분했거나 재산이 없다면 은행은 전세금을 회수하지 못하게 됩니다. 따라서 채권 양도 방식이나 질권 설정 방식은 은행 입장에서 완전히 안전하지 않은 방식입니다.

또 다른 방식으로 전세권 설정 방식이 있습니다. 이 방식은 채권 양도 방식보다 더 안전한데요, 전세권은 채권이 아닌 저당권과 유사한 물권입니다. 전세권 설정을 통해 임대인이 임차인에게 전세금을 돌려주지 않을 경우, 임차인은 해당 주택에 대해 경매를 신청할 수 있는 권리를 갖게 됩니다. 은행은 이 전세권에 저당권을 설정해 대출을 취급합니다. 최악의 경우, 은행은 전세권자를 대신해 경매를 신청할 수도 있습니다.

정리하자면, 전세자금 대출을 취급하는 방법은 여러 가지지만, 보증서를 담보로 하는 것이 가장 안전합니다. 보증서 없이 취급할 경우에는 더욱 꼼꼼하게 검토해야 합니다. 다음 장에서는 안전한 전세자금 대출 취급 방법에 대해 자세히 알아보도록 하겠습니다.

전세자금 대출,
안전하게 취급하려면?

    대출을 취급할 때, 안전성은 매우 중요한 요소입니다. 이번 장에서는 전세자금 대출을 어떻게 하면 보다 안전하게 취급할 수 있는지에 대해 설명드리겠습니다.

    첫째, 보증서를 담보로 대출을 실행하는 방법입니다. 전세자금 대출을 보증서를 기반으로 할 수 있다면, 가장 먼저 이 방식을 고려하는 것이 좋습니다. 보증서 기반 대출이 가장 안전하기 때문입니다. 그러나 보증 기관은 보증서 대출에 다양한 제약을 두고 있습니다. 예를 들어, 채무자의 보유 주택 수나 주택 금액, 소득, 전세 금액 등에 따라 대출을 제한하는 규정을 두고 있어, 이러한 제약으로 인해 보증서 대출을 받을 수 없는 경우도 상당히 많습니다.

둘째, 임대인이 신뢰할 만한지 확인하는 것입니다. 임차인과 임대인이 공모해 전세 사기를 치는 경우가 있기 때문입니다. 이는 임대인과 임차인이 대출금을 갚지 않기로 짜고 치는 방식입니다. 예를 들어, 임대인이 한 주택에 대해 여러 임차인과 임대차 계약을 맺고, 이들 임차인이 동일한 주택을 담보로 전세자금 대출을 받게 하는 식입니다. 그렇게 받은 대출금을 임대인과 임차인이 나눠 가지는 방식이죠. 이런 일이 실제로 가능할까 싶지만, 과거에 실제로 발생한 사례들이 있습니다. 이러한 사기 사례가 반복되면서, 은행들은 전세자금 대출을 점점 더 신중하게 취급하게 된 것입니다.

결국, 임대인이 신뢰할 만한 사람인지가 대출 안전성에 매우 중요한 요소입니다. 공공임대주택의 경우, 임대인은 LH, SH 같은 공공기관입니다. 이 경우, 임대인이 공공기관이기 때문에 사기를 칠 이유가 없고, 전세금을 돌려주지 않을 가능성도 작습니다. 그래서 공공임대의 경우 은행이 전세자금 대출을 제공해도 큰 리스크가 발생하지 않습니다. 오히려 여러 은행이 앞다투어 공공임대 전세자금 대출을 해주려는 상황이기도 합니다.

셋째, 전세권에 근저당권을 설정하는 방식입니다. 물권적 효력을 가지는 전세권에 근저당권을 설정하면 상대적으로 안전성이 높아집니다. 주택임대차보호법에 따르면 임차인이 대항력을 잃으면 보호받지 못하게 되며, 다른 채권자들보다 후순위로 밀려날 위험이 있습니다. 예를 들어, 임차인이 실수로 대항력을 잃게 된 상황을 생각해보겠습니다. 임차인이 전입신고를 잠시 다른 곳으로 옮기면서 대항력이 상실된 경우, 그 순간 임대인은 임차인의 전세보증금을 보호하지 않게 되므로 후순위로 밀려날 수 있습니다.

만약 임대인의 사업이 파산해 채권자들이 해당 주택에 압류를 넣은 상황이라면, 은행 역시 임대인이나 임차인에게 강제할 수 없는 상황이 될 수 있습니다. 이 경우 임차인의 전세보증금도 위험해지고, 은행의 대출금 회수 가능성도 낮아집니다. 압류된 상태에서는 임대인의 자산에 대한 우선순위가 채권자들에게 넘어가게 되어, 은행도 대출금 상환을 보장받기 어려운 상황에 놓이게 됩니다. 이러한 리스크 때문에 은행에서는 전세권 설정 방식을 더 안전한 대출 방식으로 여깁니다.

전세권 설정은 물권적 효력을 가지기 때문에 임차인이 대항력을 잃더라도 보호받을 수 있습니다. 별도의 소송 조치 없이도, 만약 임대인이 전세금을 돌려주지 못하는 상황이 발생하면 임차인이나 은행이 경매를 신청해 대출금을 회수할 수 있습니다. 전세권 설정 방식은 이렇게 임차인과 은행에게 안정적인 회수 수단을 제공해줍니다.

앞서 전세자금 대출을 안전하게 취급할 수 있는 세 가지 방법에 대해 말씀드렸습니다. 이제 이를 정리해보겠습니다. 첫 번째는 보증서를 담보로 대출을 취급하는 것입니다. 보증서를 통한 대출은 보증기관의 보호를 받을 수 있어 가장 안전한 방식으로 여겨집니다. 보증기관이 대출금을 보장해주기 때문에, 은행 입장에서는 대출에 대한 리스크를 줄일 수 있습니다. 두 번째는 임대인이 신뢰할 만한 사람인지 확인하고 대출을 제공하는 것입니다. 특히 임대인이 공공기관, 예를 들어 LH나 SH 같은 기관일 경우 사기 위험이 낮아 상대적으로 안전하게 대출을 취급할 수 있습니다. 공공기관이 임대인인 경우에는 많은 은행이 앞다투어 전세자금 대출을 제공하려는 이유이기도 합니다.

세 번째는 전세권에 근저당권을 설정하는 방식으로 대출을 취급하는 것입니다. 전세권은 물권적 효력을 가지기 때문에, 임차인이 대항력을 잃더라도 보호받을 수 있습니다. 이로써 임대인이 전세금을 반환하지 못하는 상황에서도 임차인이나 은행이 경매를 통해 대출금을 회수할 수 있는 구조가 마련됩니다.

이 세 가지 방법 중 하나라도 해당한다면, 전세자금 대출을 더욱 안전하게 취급할 수 있을 것입니다.

운전자금 대출과 시설자금 대출의 차이는 무엇인가요?

기업자금대출은 사용 목적에 따라 운전자금과 시설자금으로 나눌 수있습니다. 그런데 이 자금의 목적이 애매모호한 경우가 많습니다. 그래서 운전자금으로 해야 할지, 시설자금으로 해야 할지 많이 헷갈리는데요. 이번 장에서는 운전자금과 시설지금의 차이를 명확하게 공부해보도록 하겠습니다.

먼저, 시설자금 대출은 부동산을 취득하거나 건축, 유지보수 등에 들어가는 자금을 통틀어 말합니다. 즉, 대출금이 부동산에 투입된다면 시설자금 대출로 볼 수 있는 것이죠. 사업장을 취득하기 위해 대출을 받는다면 시설자금 대출이 됩니다. 건축물을 짓기 위한 자금, 건축물을 대수선하는 자금, 인테리어에 들어가는 자금 등, 담보로 제공하는 부동산에 들어가는 자금이라면 모두 시설자금 대출로 분류됩니다.

그렇다면 운전자금 대출은 무엇일까요? 운전자금은 말그대로 기업을 운영하는 데 필요한 자금을 말합니다. 예를 들어, 원재료, 인건비, 판매비 등 사업에 전반적으로 들어가는 비용을 모두 포함합니다. 앞에서 봤던 시설자금을 제외하면 나머지는 모두 운전자금이라고 생각해도 무리가 아닐 것입니다. 그래서 대부분의 기업자금 대출은 운전자금 대출입니다. 건물을 구입하거나, 기계설비를 구입하는 것은 흔하지 않은 이벤트이지만, 원재료, 인건비 등의 운영자금은 매달 발생하는 비용이니까요.

운전자금 대출과 시설자금 대출은 자금의 목적 말고도 차이가 있는데요. 바로 자금의 용도 증빙입니다. 자금의 용도 증빙이란 대출을 어디에 사용했는지 증빙 서류를 제출하는 것을 말하는데요. 시설자금은 대출의 목적이 비교적 분명합니다. 반대로 운전자금은 사용 목적이 방대하기 때문에, 자금의 용도 증빙을 반드시 해야 합니다. 만약 용도 증빙을 제출하지 않거나 거짓된 증빙을 제출하면, 대출금이 회수될 정도로 중대한 약정 위반에 해당합니다. 실제로 운전자금 목적으로 기업자금 대출을 취급한 후, 고객이 용도 증빙을 계속 제출하지 않은 경우가 있었습니다. 전화 연락도 되지 않았습니다. 그래서 어쩔 수 없이 대출금을 회수하겠다는 기한이익 상실통지서를 보냈고, 그제야 손님은 잊고 있었다며 대출금의 용도 증빙을 제출해주셨습니다.

그나마 앞의 사례처럼 증빙 서류를 제출하면 다행입니다. 아무리 연락을 해도 증빙 서류를 제출하지 못하는 경우도 가끔 있는데요. 그럴 때면 참 난감합니다. 원칙대로 대출금을 회수하자니, 경매 등의 법적 조치를 취해야 하니까요. 한번은 용도 증빙을 못 하시겠다고 해서 대출 금을 즉시 상환해야 한다고 말씀드렸습니다. 손님은 몰랐다고 하시더 라고요. 결국에는 다른 곳에서 대출을 받아서 기존 대출금을 상환하는 것으로 마무리하기노 했습니다. 그만큼 운전자금의 용도 증빙은 중요 합니다.

운전자금 대출 용도 증빙 꼭 해야 하나요?

실무에서 운전자금 대출의 용도 증빙은 여간 까다로운 일이 아닙니 다. 많은 분들이 아직도 '대출을 빌려서 쓰고 잘 갚으면 그만'이라는 인 식을 가지고 있기 때문입니다. "왜 은행이 내가 대출금을 어디에 썼는 지까지 알아야 하느냐?"라고 묻는 고객도 많습니다. 저 또한 대출을 취 급한 후, 한동안 대출금의 사용 용도 증빙을 하지 않는 손님 때문에 애 를 먹었습니다. 손님은 본인의 자택을 담보로 대출을 받아서 신규 사업 을 하겠다고 하셨는데요. 대출을 받고 나니, 연락이 닿지 않는 거예요. 정말 당황스러웠죠. 결국, 경매에 넘어간다고 하니 그제야 연락을 주시 더라고요.

아마 여러분께서도 운전자금 대출을 취급하다 보면, 이렇게 손님에 게 용도 증빙 서류를 받지 못해서 애를 먹는 일이 생길 것입니다. 제가

한 가지 팁을 알려드리자면요. 대출을 받기 전에 미리 대출금을 어디에 사용할 것인지 자금 사용내역표를 받으시는 게 좋습니다. 그럼 대출을 실행하기 전에 어느 정도 자금의 용도를 파악할 수 있고, 손님도 대출금의 용도 증빙 서류를 제출해야 한다는 것을 미리 인지할 수 있기 때문입니다.

한 가지 주의해야 할 것은 용도 증빙 서류를 위조하는 사례도 있다는 것입니다. 일부 저축은행에서 취급한 대출의 용도 증빙 서류가 위조된 것이 드러나 한바탕 소란이 일었던 적도 있습니다. 실제 자금을 사용하지 않고, 서류만 그럴듯하게 꾸며서 제출한 것입니다. 엄연한 범법 행위죠. 충격적인 것은 이러한 위조를 알선하는 곳이 있다는 것인데요. 일부 대출 상담사들이 용도 증빙 서류를 허위로 만들어주고, 손님에게 불법 수수료를 받는다고 합니다.

그럼, 은행원이 서류가 위조되었는지 알 수 있을까요? 사실 명확하게 알기는 어렵습니다. 다만, 명확할 때도 있습니다. 바로 대출 상담사들이 용도 증빙은 알아서 해주겠다며, 은행에서는 대출만 취급해달라고 하는 경우인데요, 이것은 엄연히 여신 업무 규정을 어기는 행위입니다. 당장에는 문제가 되지 않을 것 같아도, 나중에 큰 문제가 발생할 수 있습니다. '꼬리가 길면 밟히는 법'이라는 말이 있듯이, 앞의 저축은행 사태를 보면 알 수 있을 것입니다.

금융기관은 신뢰를 파는 곳입니다. 은행원은 항상 정직하게 근무해야 하는데요. 대부분의 은행원들이 정직하게 근무하지만, 가끔 일부 은행원의 사건, 사고 소식을 들으면 안타깝습니다. 여러분께서는 항상 규정에 기반해 정직하게 업무를 하시기 바랍니다.

대출 심사 시
어떤 기준이 있나요?

어떤 일을 할 때, 자신만의 기준을 가지는 것은 중요합니다. 특히, 대출 업무는 대출에 대한 심사가 중요하기 때문에, 올바른 판단을 할 수 있어야 하는데요. 운동 경기에서 '최고의 수비는 공격이다'라는 말이 있습니다. 이 말을 대출에 인용하면 '최고의 채권 관리는 올바른 대출이다'라고 표현할 수 있습니다.

처음 대출을 올바르게 취급하면 이후의 관리도 수월해지는데요. 이번 장에서는 제가 생각하는 여섯 가지 심사 기준에 대해 여러분과 공유해보도록 하겠습니다. 제 생각을 참고하셔서 여러분만의 기준을 세워보시기 바랍니다.

첫째, 채무자의 신용등급입니다.

채무자를 가장 쉽게 판단할 수 있는 기준은 채무자의 신용등급입니다. 신용등급은 지금까지의 신용거래가 합산되어 나타나기 때문에 신뢰할 수 있습니다. 다만, 신용등급은 신용점수가 좋은 채무자를 필터링하는 용도로 사용하는 것이 좋습니다. 채무자의 신용등급이 좋지 않다는 것은 기존에 연체 이력이라든지, 소득에 비해 부채가 많다는 것입니다. 그래서 대출 취급 시에 주의해야 하는데요. 다만, 신용등급이 좋다고 무조건 좋게 생각하고 대출을 취급하지는 않습니다. 신용등급은 대부분 좋기 때문입니다. 실제로 대출 연체하는 손님 중에 신용등급이 우량했던 손님들도 많습니다.

둘째, 채무자의 상환 능력입니다.

대출은 목돈을 빌리고 매월 이자(원리금)를 납부합니다. 이자를 납부하지 못하면 연체가 발생하고, 부실 대출이 되는데요. 그래서 상환 능력은 중요합니다. 개인의 경우 근로소득, 기업의 경우 사업소득이 기본적인 상환 능력을 나타냅니다. 과거에는 담보만 있으면 대출해주는 시기도 있었지만, 현재는 DSR 규제, RTI 규제, LTI 규제 등으로 상환 능력이 없으면 담보가 우량하더라도 대출을 받기가 어렵습니다. 담보 위주의 심사에서 상환 능력 위주의 심사로 변화하고 있는 것입니다.

셋째, 채무자의 자산(부채) 현황입니다.

채무자가 현재 보유하고 있는 자산은 대출 심사를 할 때 중요한 기준이 됩니다. 제 경험상 자산이 많은 채무자는 대출을 연체할 일이 적습니다. 그도 그럴 것이 자산이 많다면, 자산을 담보로 대출을 받을 수도 있고, 자산을 매각해서 현금을 마련할 수도 있기 때문입니다. 불편한 진실이지만, 은행 지점장들이 돈 많은 건물주에게 대출을 받으라고 영업하는 것도 그러한 이유 때문입니다. 정작 돈이 필요한 사람보다는 이처럼 돈이 많은 사람들이 대출을 받기가 더 쉽습니다.

주의해야 할 점은 자산이 많아도, 부채가 많다면 위험하다는 것입니다. 지금같이 금리가 높을 때는 많은 부채가 큰 부담입니다. 부동산 자산가 중에 대출 이자를 감당하지 못해서 파산하는 사례도 종종 있습니다. 그래서 현금흐름이 중요합니다. 대출 이자를 감당하고도 남을 현금흐름이 발생하는지 살펴봐야 하는 것입니다. 특히, 부동산 자산은 부동산에서 나오는 월세가 대출 이자보다 많은지가 중요합니다. 만약, 월세로 대출 이자도 못 내는 수준이라면 위험 징후로 보고 경계해야 합니다.

넷째, 부동산 담보의 가치입니다.

부동산 담보는 채무자의 신용도만큼이나 중요한 요소입니다. 부실 부동산 대출이 장기간 상환되지 않는 주된 이유는 담보물의 가치가 낮기 때문입니다. 부실이 발생하면 은행은 담보물을 처분해 대출금을 회수하게 되는데, 이때 경매나 공매를 진행하게 됩니다. 하지만 은행 입장에서 이는 최후의 수단으로 여겨집니다. 경매와 공매 절차가 복잡하고 시간이 많이 소요될 뿐만 아니라, 원하는 가격에 매각되지 않을 수 있기 때문입니다.

경매나 공매는 일반 매매보다 낮은 가격에 처분되는데, 이는 비우량 담보의 경우 더욱 두드러집니다. 비우량 담보는 경매나 공매에 나와도 매수 희망자를 찾기가 어렵습니다. 심지어 시세보다 30% 이상 할인된 가격에도 매각되지 않는 경우가 있죠. 이러한 현상은 주택보다 비주택 부동산에서 더 자주 발생합니다. 특히 미분양 상가의 경우 처분이 매우 어려우므로, 담보 설정 시 각별한 주의가 필요합니다.

또한, 대출을 취급할 때, '안 되면 담보물을 처분해서 상환받으면 되지!'라고 생각하는 것은 안일한 생각입니다. 경매 같은 강제 처분은 기일이 오래 걸립니다. 그동안 이러한 연체 대출채권은 금융기관의 건전성에 악영향을 미칩니다. 금융기관은 외부 지표에 민감하기 때문에 부실채권을 많이 보유하고 있으면 안 됩니다. 그래서 은행에서는 조기에 캠코 같은 부실채권 회사에 매각하기도 합니다. 건전성 지표를 좋게 하기 위함이죠.

다섯째, 대출 조건입니다.

대출 조건은 기본적으로 대출 이자율이나 대출 기간을 포함합니다.

대출 조건에 따라 대출을 취급할 수 있는지의 여부가 결정되기도 합니다. 특히 대출 이자율은 매우 민감한 사항입니다. 금융기관도, 채무자도 중요하게 생각하는 조건입니다. 보통 대출 금액과 대출 이자율은 비례합니다. 대출 금액이 높아질수록 대출 이자율도 높아지는 것이죠.

여기서 주의할 점은 상대적인 담보 가치 대비 대출 금액입니다. 단순히 대출 금액이 100억 원, 200억 원 수치가 올라간다고 해서 대출 이자율이 올라가는 것이 아니라, 담보가치 대비 대출 금액이 올라갔을 때 대출 이자율이 비례해서 올라가는 것입니다. 예를 들어, 10억 원짜리 부동산에 대해 60%만큼 대출을 취급하는 것과 80%만큼 대출을 취급하는 것의 리스크는 다릅니다. 그렇기에 대출 금액에 따라서 대출 이자율 등의 조건을 달리해야 하는 것이죠.

여섯째, 규정 준수입니다.

금융기관과 대부업체의 차이점이 무엇일까요? 많은 차이점이 있지만, 가장 큰 차이는 대출 규정의 유무입니다. 대부업체는 앞서 언급한 다섯 가지만 충족되면 대출을 취급할 수 있지만, 제도권 금융기관은 마지막으로 은행 규정을 준수해야 합니다. 아무리 채무자가 우량하고, 담보가 좋으며, 대출 조건이 좋아도 규정에 맞지 않으면 대출을 취급할 수 없습니다. 앞의 다섯 가지 조건 중 일부만 충족하더라도 대출을 취급할 수 있지만, 마지막 규정 준수를 충족하지 못하면 대출을 취급할 수 없습니다.

금융기관 직원은 대출 관련 규정을 엄격히 준수해야 합니다. 규정을 지켜 처리한 대출은 나중에 부실이 발생하더라도 담당자가 책임을 지지 않습니다. 하지만 규정을 위반해서 취급한 대출이 부실화되면, 그 책임은 고스란히 담당자의 몫이 됩니다. 이처럼 규정 준수는 매우 중요하므로, 대출 취급 시 관련 규정을 철저히 검토하고 이행해야 합니다.

이번 장에서 다룬 대출 심사의 여섯 가지 핵심 기준을 정리해보겠습니다. 첫째, 채무자의 특성, 둘째, 채무자의 상환 능력, 셋째, 채무자의 재산 규모, 넷째, 담보의 가치, 다섯째, 대출의 조건, 여섯째, 규정 준수입니다.

이 기준들은 모두 대출 심사의 필수 요소이므로, 대출 취급 시 각 항목을 꼼꼼히 검토해야 합니다.

담보 대출 취급 시 어떤 기준으로
대출을 취급해야 할까요?

부동산 담보 대출을 취급할 때 중요한 두 가지 기준이 있습니다. 바로, 환가성과 안정성입니다. 이 두 단어는 얼핏 비슷해 보이지만, 실제로는 중요한 차이가 있습니다. 환가성은 처분 조치를 했을 때 바로 처분이 가능한지를 의미하며, 안정성은 제값을 다 받고 팔 수 있는지를 의미합니다. 사실 우리가 사용하는 환가성이라는 단어에 안정성의 의미가 내포되어 있기도 합니다.

그럼에도 불구하고 제가 이 두 가지 기준을 나누어 설명해드리는 이유는, 환가성과 안정성을 별도로 생각했을 때 얻을 수 있는 이점이 있기 때문입니다. 이제부터 부동산에서의 환가성과 안정성에 대해 자세히 설명해드리겠습니다.

환가성

부동산 중에서 환가성이 가장 높은 자산은 무엇일까요? 사실 부동산은 기본적으로 환가성이 낮은 자산입니다. 주식이나 금과 같은 실물 자산에 비해 환가성이 많이 떨어집니다. 예를 들어, 주식은 주식 시장에 내다 팔면 바로 환가가 됩니다. 하지만 부동산은 공인중개사 사무소에 내놓고, 매수자가 보러 와야 하며, 매매 계약을 맺고, 잔금을 받아야 하는 등 절차가 많습니다.

그래서 회계에서도 부동산은 고정 자산으로 분류됩니다. 환가성이 떨어지는 자산으로 분류되는 것이죠. 그럼에도 불구하고 부동산 중에서 비교적 환가성이 높은 자산은 아파트입니다. 특히, '서울, 수도권 지역의 국민 평형(34평)'은 환가성이 높습니다. 수요가 많기 때문이죠. 반면, 환가성이 떨어지는 부동산은 토지입니다.

특히, 임야나 전, 답 같은 토지는 더욱 환가성이 떨어집니다. 이러한 토지는 사용 용도가 정해져 있고, 수요가 적기 때문입니다. 이러한 차이 때문에 환가성이 낮은 상품과 높은 상품의 대출 취급 기준도 달라야 합니다. 이는 안정성에 대한 부분과 함께 마지막에 설명해드리겠습니다.

안정성

안정성은 제값을 받고 처분할 수 있는지를 의미합니다. 안정성은 현재의 기준과 비교했을 때, 시간이 지나도 그 가치가 유지되는지를 평가하는 것입니다.

기본적으로 건물의 가치는 시간이 지날수록 감소합니다. 그 이유는 감가상각 때문입니다. 자동차도 구입하는 시점에 가장 비싸고, 중고로 팔면 저렴해지는 것과 마찬가지입니다. 물론, 부동산의 가격이 시간이 지나면 오르는 경우가 많지만, 이는 화폐가치 하락에 따른 물가 상승 때문입니다. 그 안에서도 실질 가격이 떨어지는 부동산은 분명 존재합니다.

대표적인 예로, 토지의 가치보다 건물의 가치가 클 때입니다. 우리가 사는 아파트의 가격에는 건물 면적과 토지 면적이 포함되어 있습니다. 강남 재건축 아파트의 가격이 계속 올라가는 이유는 건물의 가치는 줄어들지만, 토지의 가치가 계속 높아지기 때문입니다. 이러한 노후 아파트는 토지의 가치가 높은지, 낮은지에 따라 가격이 결정됩니다.

반면, 토지 면적은 작고 건물 가치가 큰 부동산의 경우, 시간이 지날수록 건물의 감가상각으로 인해 전체 가치가 하락하므로 안정성이 떨어집니다. 또 다른 예시로 지방 부동산을 들 수 있습니다. 지방은 인구 감소로 인한 도심 공동화 현상이 발생할 수 있어, 시간이 지날수록 부동산 가치가 하락할 위험이 큽니다. 이러한 이유로 지방 부동산은 안정성이 낮게 평가됩니다.

　환가성은 원할 때 팔 수 있는지, 안정성은 가격이 안정적으로 유지되는지로 정리할 수 있습니다. 저는 환가성과 안정성에 기반해 부동산 담보 대출을 평가합니다. 처분했을 때 바로 처분이 가능한지, 미래에도 가격이 안정적으로 유지될 것인지, 이 두 가지를 모두 만족한다면 좋은 담보라고 보고 대출을 취급하는 것입니다.

◆

　때로는 환가성과 안정성을 모두 충족하지 못하는 부동산도 있습니다. 이런 경우에는 앞서 설명한 여섯 가지 대출 심사 기준을 함께 고려해서 종합적으로 판단해야 합니다. 이처럼 체계적인 심사 기준을 세우고 일관되게 적용하면 대출 부실률을 크게 낮출 수 있습니다. 제가 이러한 심사 방법을 여러분과 공유하는 이유도 바로 여기에 있습니다.

　환가성과 안정성을 모두 갖춘 대표적인 부동산으로는 서울 주요 지역의 아파트나 꼬마빌딩을 들 수 있습니다. 서울 부동산은 거래가 활발해 환가성이 뛰어나고, 가치가 꾸준히 상승해 안정성도 우수합니다. 게다가 서울은 세계적으로도 높은 도시 경쟁력을 보유하고 있어 외국인 투자자들의 관심도 지속적으로 받고 있죠.

이러한 이유로 저는 서울 부동산 담보 대출에 대해 긍정적인 입장입니다. 실제로 제 경험상 서울 부동산 담보 대출은 부실이 발생하더라도 신속하게 해결되는 경우가 많았습니다. 이 점, 업무에 참고하시면 좋겠습니다.

경락잔금 대출,
취급해도 될까요??

앞서 경매와 공매 같은 처분 조치를 설명해드렸는데, 이러한 강제 처분은 자본주의 사회에서 필수적인 제도입니다. 자본의 원활한 순환은 건강한 자본주의 경제의 기반이 되며, 이러한 맥락에서 경매와 공매는 자본 순환을 위한 중요한 수단이 됩니다.

이번 장에서는 경락잔금 대출에 대해 알아보도록 하겠습니다. 먼저 경락잔금 대출의 개념부터 설명해드리겠습니다. 경락잔금 대출은 경매나 공매와 같은 강제 처분에서 낙찰자가 낙찰 잔금을 납부하기 위해 받는 대출입니다. 흥미로운 점은 은행이 한편으로는 경매와 공매를 진행하면서, 동시에 낙찰자에게 대출을 제공한다는 것입니다. 이 대출은 시세보다 저렴한 가격에 부동산을 매입할 수 있고 대출 심사도 비교적 수월해, 부동산 투자자들 사이에서 인기가 높은 상품입니다.

이 경락잔금 대출 상품의 경우, 낙찰가의 80%에서 많게는 90%까지 대출이 가능합니다. 경락잔금 대출의 계산 방식은 다음과 같습니다.

min(감정가 × 물건별 LTV, 낙찰가 × 80%~90%)
= 경락잔금 대출 한도

이 계산식을 풀어서 설명해드리겠습니다. 경매에는 경매 감정가가 있습니다. 보통 은행에서 대출을 취급할 때는 감정평가사의 정식 감정서를 사용해 담보 가치를 평가합니다. 그러나 경락잔금 대출은 법원의 감정평가서를 사용합니다. 은행에서 의뢰하는 것이 아니라, 법원에서 경매를 위해서 감정평가를 하는 것이죠.

그런데 일반 은행의 담보 감정과 법원의 경매 감정은 그 평가액에 차이가 있습니다. 흥미로운 점은 대체로 경매 감정액이 담보 감정액보다 높다는 것입니다. 이는 경매 물건이 원활하게 처분되도록 하기 위함입니다. 마치 상점에서 정가를 높게 표시해두고 할인 판매하는 것처럼, 감정가를 다소 높게 책정함으로써 낙찰자가 좋은 거래를 했다고 느끼게 만드는 것이죠.

반면 은행의 담보 감정은 보수적으로 이루어집니다. 이는 과대 평가된 담보 가치를 기준으로 대출이 실행되어 부실이 발생하는 것을 방지하기 위해서입니다.

이제 법원 감정평가 가격에 물건별 LTV를 곱해야 하는데요. 물건별 LTV는 주택과 비주택에 따라 다릅니다. 주택은 주택담보 대출 규제를 적용받고, 비주택은 낙찰가율에 영향을 받습니다. 낙찰가율은 물건별·지역별로 다릅니다.

예를 들어, 서울의 빌딩, 시방의 상가, 제수도의 토지는 각각 다른 낙찰가율을 보입니다. 여기서 낙찰가율이란, 감정가 대비 실제 낙찰금액의 비율을 의미합니다. 금융기관은 이러한 지역별·물건별 낙찰가율을 기준으로 대출 한도를 정합니다. 예를 들어, 서울 상가의 일반적인 낙찰가율이 70%라면, 금융기관은 해당 물건 감정가의 70%까지만 대출을 승인합니다. 이는 향후 부실이 발생하더라도 대출 원금을 회수할 수 있는 안전장치로 작용합니다.

대출 가능 금액을 결정할 때 주목해야 할 점이 있습니다. 바로 감정가 기준 LTV 금액과 낙찰가의 80~90% 중에서 더 낮은 금액이 최종 대출 한도가 된다는 것입니다. 이러한 기준을 두는 이유는, 감정가에 비해 낙찰가가 크게 낮은 경우 낙찰가를 초과하는 대출이 실행될 수 있는 위험을 방지하기 위해서입니다.

금융사마다 규정이 조금씩 다르지만, 제가 속한 금융기관 기준으로는 주택은 낙찰가의 80%까지, 비주택은 낙찰가의 90%까지 대출이 가능합니다. 여기에서 궁금해하실 수 있습니다. '왜 주택보다 비주택의

LTV가 높을까요?' 제 생각에는 정부의 규제 때문인 것 같습니다. 현재 생애 최초 주택 구입 시 매매가의 80%까지 대출이 가능합니다. 이 수치는 굉장히 파격적입니다. 제가 2013년부터 근무를 시작했는데, 이렇게 주택 구입 시 80%까지 대출을 해줬던 적은 없었습니다. 생애 최초 주택 구입자들에게는 좋은 혜택이죠.

하지만 만약 경락잔금 대출에서 낙찰가의 90%까지 대출을 해준다면, 생애 최초 주택 구입자보다 대출을 많이 받을 수 있게 됩니다. 이렇게 되면 정부가 제공하는 생애 최초 혜택이 퇴색될 수 있습니다. 예를 들어, 비규제 지역에 감정가 8억 원짜리 아파트가 5억 원에 낙찰되었다고 가정해보겠습니다. 유주택자가 위의 주택을 낙찰받는다면 대출 가능 금액은 다음과 같이 계산됩니다.

min(8억 원 × 60%, 5억 원 × 80%) = 4억 원

즉, 낙찰가의 80%만큼 대출이 나오는 것이죠. 이제 비주택처럼 낙찰가의 90%로 계산해볼까요?

min(8억 원 × 60%, 5억 원 × 90%) = 4억 5,000만 원

즉, 낙찰가의 90%까지 대출이 가능합니다.

물론 위의 가정은 감정가보다 많이 낮아진 금액으로 낙찰이 이루어 졌을 때입니다. 이는 현재 시장 상황에서 충분히 발생할 수 있는 현상 입니다. 그 이유는 경매 물건의 감정가가 현재 시세보다 높게 책정되 어 있기 때문입니다. 법원 경매는 통상 6개월에서 1년 이상의 긴 시간 이 소요되며, 감정평가는 경매 절차 초기에 이루어집니다. 따라서 현재 경매에 나오는 물건 중 상당수는 부동산 시세가 고점이었을 때 감정이 이루어진 것들입니다.

예를 들어, 현재 아파트 시세는 6억 원인데, 감정가는 8억 원으로 되 어 있는 경우입니다. 경매는 현재 시세보다 저렴하게 낙찰되기 때문에, 5억 원에 낙찰될 수 있는 것이죠.

지금까지 경락잔금 대출의 한도 산정 방식을 살펴보았습니다. 핵심 은 대출 한도를 결정할 때 감정가와 낙찰가를 모두 고려해야 한다는 점입니다. 다음 장에서는 경락잔금 대출을 안전하게 취급하기 위한 실 무적인 방법을 자세히 알아보도록 하겠습니다.

경락잔금 대출,
안전하게 취급하려면?

경락잔금 대출은 일반 담보 대출과는 다른 중요한 차이점이 있습니다. 바로 권리분석입니다. 일반 부동산 대출의 경우, 권리분석이 상대적으로 간단하며, 복잡한 권리 관계가 있더라도 매매 시점에 매도자가 정리하는 것이 일반적입니다. 그렇지 않으면 대출이 나오지 않기 때문입니다.

하지만 경락잔금 대출의 경우, 권리 관계가 깔끔하게 정리되지 않은 경우가 많습니다. 특히, 임차인이 말소기준권리보다 선순위인 경우에는 임차인의 대항력이 유지되기 때문에, 대출 취급 시 주의가 필요합니다. 이번 장에서는 경락잔금 대출을 취급할 때 주의해야 할 점에 대해 설명해드리겠습니다.

선순위 권리가 남아 있는지 확인

첫 번째로 중요한 점은 선순위 권리가 남아 있는지를 확인하는 것입니다. 만약 선순위 권리가 남아 있다면, 대출을 취급하지 않는 것이 좋습니다. 경매에는 말소기준권리라는 것이 있습니다. 말소기준권리 앞에 임차인이 선순위로 있는 경우, 경매로 소유권이 넘어가더라도 임차인의 대항력이 유지됩니다. 이 경우 경락잔금 대출을 취급하게 되면 후순위로 밀리게 되어, 대출금을 회수하는 데 어려움이 생길 수 있습니다.

그러나 임차인이 말소기준권리보다 후순위에 있는 경우에는 경락잔금 대출을 안전하게 취급할 수 있습니다. 이러한 임차인은 대항력을 상실하기 때문입니다. 이 경우 임차인은 법원의 배당 절차에 따라 보증금을 일부라도 반환받고 퇴거해야 하며, 설령 보증금을 전액 반환받지 못하더라도 추가적인 권리 주장을 할 수 없습니다. 대항력이 소멸했기 때문입니다.

낙찰 가격이 적정한지 확인

두 번째로 중요한 점은 낙찰 가격이 적정한지를 확인하는 것입니다. 경락잔금 대출을 취급할 때 낙찰가가 감정가보다 높거나 비정상적으로 높게 책정된 경우, 이는 문제가 될 수 있습니다. 예를 들어, 부실채권(NPL)을 매입한 낙찰자가 고가로 낙찰받아 대출금을 최대한 많이 확보하려는 경우가 있습니다. 이러한 경우, 낙찰가는 높지만 실제 채권의 가치나 부동산의 실질 가치는 그에 미치지 못할 수 있습니다.

NPL(부실채권) 매입 회사들의 전략을 살펴보면, 이들은 부실채권을 저가에 매입한 후 해당 물건을 고가에 낙찰받아 더 많은 대출을 받으려 합니다. 낙찰가가 높으면 그만큼 대출 한도도 증가하므로, 은행은 더 큰 금액의 대출을 승인하게 됩니다. 하지만 이는 실제 매수가격보다 과도한 대출이 실행될 수 있어 위험 요소가 됩니다. 따라서 경락잔금 대출을 심사할 때는 해당 채권이 NPL인지, 그리고 NPL 매입 회사가 낙찰자인지의 여부를 반드시 확인해야 합니다.

이와 유사한 사례로 미분양 상가에서도 문제가 발생할 수 있습니다. 상가는 아파트나 오피스텔처럼 분양 가격이 통제되지 않기 때문에, 시행사가 원하는 금액으로 분양할 수 있습니다. 이로 인해 상가의 분양가는 높지만, 실제로는 그 가격에 거래되지 않는 경우가 많습니다. 이러한 상황에서 업계약을 통해 대출을 많이 받으려는 시도가 있을 수 있습니다.

구체적인 사례를 들어보겠습니다. 표면상 매매가격은 10억 원이지만, 실제로는 5억 원에 거래된 미분양 상가가 있다고 가정해보겠습니다. 만약 표면상 금액인 10억 원을 기준으로 70%의 대출을 승인한다면, 7억 원의 대출이 실행됩니다. 이는 실제 매매가격 5억 원보다 2억원이나 많은 금액으로, 결과적으로 매수자는 부동산 취득 후 오히려 현금을 확보하게 됩니다.

이러한 구조는 앞서 설명한 NPL 채권 사례와 비슷한 위험성을 가지고 있습니다. 이런 방식의 대출이 대규모로 이루어질 경우 심각한 부실로 이어질 수 있으며, 실제로 이로 인해 형사처벌을 받은 사례도 있으므로 각별한 주의가 필요합니다.

◆

경락잔금 대출을 안전하게 취급하기 위해서는 다음의 두 가지 기준을 반드시 확인해야 합니다.

첫째, 선순위 권리가 남아 있는지 파악하는 것입니다. 선순위 권리가 남아 있다면 대출을 취급하지 않는 것이 안전합니다.

둘째, 낙찰 가격의 적정성을 확인하는 것입니다. 낙찰가가 비정상적으로 높게 책정된 경우, 대출을 취급하는 데 주의가 필요합니다. 앞에서 말씀드린 것처럼 NPL업자가 저렴하게 부실 채권을 매수한 것일 수도 있기 때문입니다. 특히, NPL 부실채권에 대해서 잘 모르시는 분들이 많은데요. 저 또한 누가 알려주는 것이 아니라, 혼자 공부를 하며 배웠습니다. 책으로도 배우고, 실제 NPL업자를 만나서 인터뷰를 하며 경험하게 된 것도 있죠.

대출 업무에서는 지속적인 학습과 실무 경험이 매우 중요합니다. 저는 10년이 넘는 경력을 가지고 있지만, 여전히 새롭게 배워야 할 것들이 많다고 느낍니다. 여러분들도 열린 자세로 끊임없이 공부하고 다양한 경험을 쌓아가시기를 권해드립니다.

상가 대출 취급 시
주의해야 할 점 세 가지

상가의 수요는 점점 줄어들고 있습니다. 코로나19 팬데믹으로 인해 오프라인 쇼핑보다 온라인 쇼핑으로의 이동이 가속화되었습니다. 쿠팡의 새벽 배송 서비스는 획기적인 변화를 불러왔습니다. 당일 저녁에 주문하면 다음 날 새벽에 집 앞으로 배송이 되니까요. 또한, '배달의 민족'이나 '요기요' 같은 배달 플랫폼의 등장으로 배달 문화도 많이 바뀌었습 니다. 예전에는 중국음식, 치킨 같은 일부 음식만 배달이 되었다면, 이제는 거의 모든 음식이 배달이 가능합니다. 이러한 변화들로 인해 오프라인 상가의 수요는 점점 줄어들고 있습니다. 상가 공실이 늘어나고, 오프라인 상점들이 문을 닫고 있는데요.

이렇게 상가에 대한 수요가 줄어들면서, 은행에서 상가 대출을 취급할 때도 주의를 기울여야 합니다. 대출을 취급하고 부실이 생기면, 그 손해는 은행이 고스란히 떠안게 되니까요. 이번 장에서는 상가 대출을 취급할 때 특히 주의해야 할 세 가지 상황에 대해 알아보겠습니다.

지하 상가

상가는 층마다 가격 차이가 큽니다. 예를 들어, 아파트의 경우에도 저층이나 꼭대기층이 중고층보다 가격이 낮을 수 있지만, 상가의 경우는 그 차이가 훨씬 큽니다. 상가에서는 1층이 가장 비싸며, 층수가 올라갈수록 가격이 낮아집니다. 이는 접근성의 차이 때문입니다. 그중에서도 지하 상가는 가장 선호도가 낮습니다. 지하 상가는 자연광이 들어오지 않기 때문에 업종이 제한적이며, 방문객의 유입도 적습니다.

지하 상가는 이러한 이유로 환가성이 낮습니다. 특히, 대출 후 경매나 공매 등 법적 조치를 취할 때 낙찰가가 크게 떨어질 수 있습니다. 따라서 지하 상가에 대한 대출은 최대한 보수적으로 취급하는 것이 좋습니다.

오픈 상가

오픈 상가는 백화점과 같이 넓은 공간을 여러 구획으로 나누어 운영하는 상가 형태입니다. 백화점이 단일 소유자에 의해 운영되는 것과 달리, 오픈 상가는 개별 호실을 분양하는 방식이라 다수의 소유자가 존재합니다. 이러한 구조에서는 각 소유자가 독립적으로 임대차 계약을 진행하기가 어렵다는 문제가 있습니다.

오픈 상가는 환가성이 낮은 것이 특징입니다. 개별 호실이 경매에 나오더라도 해당 공간만으로는 상가로서의 독립적인 활용이 어려워 실질적인 가치가 제한적이기 때문입니다. 이러한 특성을 고려할 때, 오픈 상가에 대한 대출 심사는 매우 신중하게 이루어져야 합니다.

공실 상가

상가는 임대수익을 창출하는 수익형 부동산이지만, 공실인 상가는 수익 창출이 불가능해 가치가 하락합니다. 담보로 설정하려는 상가 자체가 공실이 아니더라도, 주변에 공실이 많다면 이 또한 위험 요소가 됩니다. 공실이 많은 지역은 상권 형성이 어렵고, 기존 임차인마저 이탈할 수 있기 때문입니다. 실제로 공실이 많은 상권에서는 영업 중이던 상가들도 연쇄적으로 폐업하는 현상이 자주 발생합니다.

이러한 이유로 공실 상가에 대한 대출 심사는 매우 보수적으로 진행해야 합니다. 제 실무 경험상 공실 상가는 환가성이 현저히 떨어지는데, 실제로 수년이 지나도록 처분되지 못하고 부실채권으로 남아 있는 사례가 빈번합니다.

◆

　이번 장에서는 상가 대출 심사 시 특별한 주의가 필요한 세 가지 유형을 살펴보았습니다. 첫째는 지하 상가, 둘째는 오픈 상가, 셋째는 공실 상가입니다. 특히 공실 상가의 경우, 대출 취급을 지양해야 합니다. 공실 상가는 처분이 극히 어려워 장기 부실화될 가능성이 크고, 이는 결과적으로 은행의 재무 건전성을 크게 악화시킬 수 있기 때문입니다.

　전자상거래의 지속적인 성장으로 온라인 쇼핑은 계속 확대될 것이며, 이에 따라 오프라인 상가는 전반적으로 경쟁력이 약화될 것으로 예상됩니다. 강남이나 홍대와 같은 핵심 상권은 상대적으로 영향이 적겠지만, 상권 간 양극화는 더욱 심화될 것입니다. 따라서 이러한 시장 변화 흐름을 정확히 파악해서 상가 대출 심사에 적극 반영해야 할 것입니다.

Chapter 03

신탁담보 대출

신탁 대출,
취급해도 될까요?

부동산 담보 대출에서 가장 일반적으로 사용되는 방식은 저당권 설정입니다. 저당권은 담보물권의 한 종류로, 채권자가 채무자나 제3자(물상보증인)가 제공한 부동산 또는 부동산 물권(지상권, 전세권)을 실제로 점유하지 않고도 채무 불이행 시 해당 물건에서 우선적으로 변제받을 수 있는 권리를 의미합니다.

쉽게 말해, 채무자가 대출을 상환하지 못할 경우, 은행이 담보로 제공된 부동산을 처분해 대출금을 회수할 수 있는 권리를 가지는 것입니다. 부동산 담보 설정 방법에는 저당권 외에도 신탁 방식이 있습니다. 일반적으로 저당권 설정에 비해 신탁 방식은 다소 생소할 수 있습니다. 이번 장에서는 신탁 대출의 개념과 구체적인 취급 방법에 대해 살펴보도록 하겠습니다.

부동산 신탁사와 신탁 대출의 개념

신탁 대출을 논하기 전에 먼저 부동산 신탁사에 대해 이해하는 것이 중요합니다. 우리나라에는 여러 개의 신탁회사가 있으며, 대표적으로 KB부동산신탁, 하나자산신탁, 교보자산신탁 등이 있습니다. 이들 신탁회사는 대부분 금융계열사로, 금융업에 종사하는 분들이라면 이 회사들이 익숙할 것입니다. 우리나라의 신탁회사는 정부로부터 허가를 받아 운영되는 인가제를 채택하고 있으며, 현재 약 10여 개의 신탁회사가 있습니다.

신탁회사는 담보신탁, 관리형 토지신탁, 처분신탁, 유언신탁 등 다양한 신탁사업을 운영합니다. 그중 부동산 담보 대출을 취급할 때 주로 활용되는 것이 담보신탁 제도입니다. 담보신탁이란, 부동산 대출을 실행하기 위해 소유권을 기존 소유자에서 신탁회사로 이전하고, 이에 대한 수익권을 금융기관이 가지는 제도입니다. 이는 저당권 방식과는 큰 차이가 있습니다. 저당권 방식에서는 소유자가 소유권을 유지한 채 금융기관이 저당권만 설정하지만, 신탁 방식은 완전히 다른 방식으로 취급되는 것입니다.

신탁 대출의 장단점

신탁 대출의 가장 큰 장점 중 하나는 최우선변제금을 차감하지 않아도 된다는 점입니다(은행 규정마다 다릅니다). 저당권 설정 방식으로 대출을 취급할 때는 방차감을 해야 합니다. 이는 주택임대차보호법에 따른 것으로, 일정 금액 이하의 임대차 보증금(소액임차보증금)에 대해서는 최우선변제 금액이 항상 우선순위를 가지게 되어 있습니다. 이러한 법률은 임차인을 보호하기 위한 것이지만, 은행 입장에서는 대출금 회수에 어려움을 겪을 수 있습니다. 이를 방지하기 위해, 은행은 최우선변제 금액만큼을 차감하고 대출을 실행하게 됩니다.

그러나 신탁 대출에서는 소유권이 신탁회사로 넘어가기 때문에, 신탁회사가 소액임차보증금을 관리하게 되며, 은행은 최우선변제금을 차감하지 않고 대출을 실행할 수 있습니다. 이로 인해 고객은 더 많은 대출금을 받을 수 있는 장점이 있습니다.

반면, 신탁 대출의 단점으로는 고객이 소유권을 신탁회사로 이전해야 한다는 점이 있습니다. 이는 고객에게 심리적인 불안감을 줄 수 있으며, 신탁 대출이 상대적으로 생소하기 때문에 고객의 이해를 돕기 위해 신탁 대출의 구조와 이점을 충분히 설명하는 것이 중요합니다.

신탁 대출의 취급 방법

신탁 대출을 취급할 때는 몇 가지 중요한 절차를 따라야 합니다. 먼저, 신탁회사를 선택하고, 해당 부동산의 소유권을 신탁회사로 이전합니다. 이후 신탁회사는 대출금의 수익권을 은행에 제공하게 됩니다. 이 과정에서 고객은 여전히 부동산을 점유하고 사용할 수 있지만, 소유권이 신탁회사에 있다는 사실을 인지해야 합니다.

◆

신탁 대출은 일반적인 저당권 설정 방식과 달리 고객에게 더 많은 대출금을 제공할 수 있다는 장점이 있습니다. 그러나 신탁 대출이 다소 생소할 수 있기 때문에, 취급 시에는 고객에게 그 구조와 장단점을 명확히 설명하는 것이 매우 중요합니다.

때로는 은행원조차 신탁의 구조를 정확히 이해하지 못한 채 신탁 대출을 취급하는 경우가 있습니다. 이는 결과적으로 고객에게 부정확한 정보를 전달해서 혼란을 초래할 수 있습니다. 다음 장에서 신탁 구조에 대해 상세히 설명해드릴 예정이니, 이를 철저히 숙지하시기 바랍니다.

담보신탁의
정의와 절차

부동산 대출 실무에서 담보신탁 대출은 실무자들 사이에서 선호도가 크게 갈리는 상품입니다. 한번 취급해본 실무자는 지속적으로 활용하는 반면, 경험이 없는 실무자는 꺼리는 경향이 있습니다. 담보신탁은 부동산을 담보로 대출을 받을 때 활용하는 제도로서, 채무자가 자신의 부동산을 신탁회사에 맡기고 이를 기반으로 금융기관으로부터 우선수익권을 설정받아 대출을 실행하는 구조입니다.

대출 기간이 만료되면 소유자가 대출금을 갚고 신탁 계약을 해지하면서 신탁 부동산은 다시 소유자에게 돌아갑니다. 하지만 채무자가 대출금을 갚지 못할 경우, 신탁회사가 신탁 부동산을 처분해 그 대금으로 금융기관의 대출금을 상환합니다.

이러한 개념이 처음에는 복잡하고 이해하기 어려울 수 있습니다. 신탁 대출을 취급해본 경험이 없다면 생소하게 느껴질 것입니다. 이제부터 담보신탁의 구조와 절차를 쉽게 이해할 수 있도록 단계별로 설명하겠습니다.

〈담보신탁의 구조〉

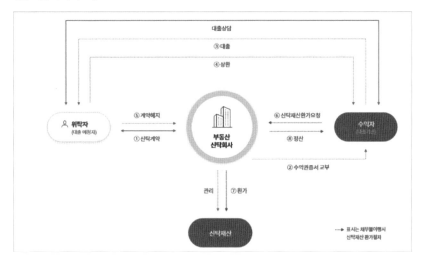

출처 : 우리자산신탁

신탁의 구조를 이해하기 위해 크게 '대출 실행', '대출 상환', '부동산 처분'의 세 가지 과정으로 나눠서 설명할 수 있습니다.

각 과정의 세부 절차는 다음과 같습니다.

대출 실행

대출 실행 과정에서는 고객이 신탁 대출을 선택하게 되며, 은행과 신탁회사가 함께 대출을 실행하게 됩니다.

- 대출 상담 : 고객이 신탁 대출을 고려할 때, 은행원은 신탁 대출의 장단점과 적용 가능한 상황을 명확히 설명해야 합니다.
- 신탁 계약 및 대출 약정 : 대출을 받기 위해 고객은 신탁 계약을 체결하고, 신탁회사와 은행 간의 수익권 증서 교부 절차가 진행됩니다. 이때 고객의 소유권이 일시적으로 신탁회사로 넘어갑니다.
- 대출 실행 : 신탁회사는 은행에 '수익권 증서'를 교부하고, 이를 기반으로 은행은 대출을 실행합니다. 이 과정에서 부동산에 신탁 등기가 진행됩니다.

대출 상환

대출 상환 과정에서는 대출금의 상환과 신탁 계약의 해지가 이루어집니다.

- 대출 상환 : 대출 만기가 도래하면 고객은 대출을 상환하거나 기한 연장을 요청할 수 있습니다. 대출금을 상환하면 부동산 소유권은 다시 고객에게 돌아갑니다.
- 신탁 계약 해지 : 대출 상환 후, 은행이 신탁회사에 상환 사실을 통지하면 신탁 계약이 해지되고, 소유권이 고객에게 반환됩니다.

부동산 처분

부동산 처분 과정에서는 대출금이 상환되지 않은 경우, 신탁회사가 부동산을 공매로 처분하게 됩니다.

- 신탁재산 환가 요청 : 은행은 신탁회사에 신탁재산의 환가(공매)를 요청할 수 있습니다. 이는 대출금 회수를 위한 법적 소치입니다.
- 공매 진행 : 신탁회사가 공매 절차를 주관하며, 인터넷 입찰 등을 통해 부동산을 매각합니다.
- 정산 : 공매 처분이 완료되면 신탁사는 부동산 처분 자금을 정산합니다. 은행의 대출 채권이 변제되고, 잔여 금액이 있다면 기존 소유자에게 지급됩니다.

담보신탁의 장단점

신탁 대출의 가장 큰 장점은 최우선변제금을 차감하지 않아도 된다는 점입니다(단, 은행과 지점의 규정에 따라 차이가 있을 수 있습니다). 이로 인해 고객은 더 많은 대출금을 받을 수 있는 반면, 소유권이 신탁회사로 이전된다는 점에서 심리적 불안을 느낄 수 있습니다. 하지만 신탁 이후에도 실질적인 부동산 사용권은 여전히 고객에게 있다는 점을 명확히 설명한다면, 고객들은 신탁 대출의 실질적인 이점을 충분히 이해할 수 있을 것입니다.

담보신탁은 전통적인 저당권 설정과는 차별화된 대출 방식으로, 고객에게 더 높은 한도의 대출을 제공할 수 있는 장점이 있습니다. 비록 구조가 복잡해 보일 수 있으나, 그 특성과 절차를 정확히 이해한다면 고객의 상황에 따라 최적화된 대출 방안을 제시할 수 있습니다.

저 역시 처음에는 담보신탁이 생소하게 느껴졌지만, 실무 경험이 쌓이면서 그 효용성을 깊이 이해하게 되었습니다. 현재는 제가 가장 선호하는 대출 상품 중 하나가 되었죠. 다음 장에서는 담보신탁 계약서의 세부 내용과 특징을 자세히 살펴보도록 하겠습니다.

담보신탁 계약서
이해하기

담보신탁은 신탁회사와 고객 간의 신탁 계약 체결을 기반으로 합니다. 은행원은 신탁 계약서의 내용을 정확하게 파악하고 있어야 고객에게 올바른 설명을 제공할 수 있습니다. 이번 장에서는 담보신탁 계약서의 주요 조항들을 상세히 살펴보고, 이를 제대로 이해하는 방법에 관해 설명하도록 하겠습니다.

신탁 계약서는 신탁회사별로 세부 내용에 차이가 있을 수 있으나, 핵심 조항들은 대체로 유사합니다. 따라서 대표적인 계약서 하나를 표준 사례로 설명해드리도록 하겠습니다. 법률 용어와 금융 전문 용어가 많이 사용되어 처음 접하는 분들은 이해하기 어려울 수 있으나, 은행 실무자로서 고객에게 정확한 안내를 제공하기 위해서는 주요 조항에 대한 철저한 이해가 필수입니다.

〈담보신탁 계약서〉

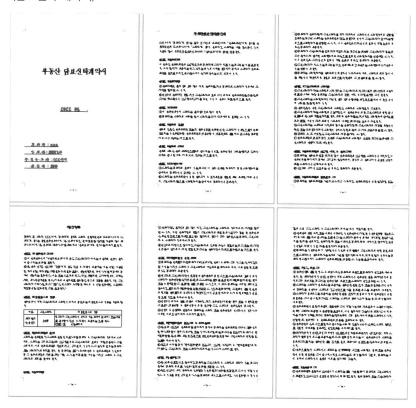

제9조: 신탁 부동산의 보전관리

이 조항은 신탁 부동산의 관리와 관련된 내용을 다룹니다. 부동산이 신탁회사로 넘어가도, 실질적인 사용과 관리는 여전히 위탁자인 고객에게 있으며, 그에 따른 관리 비용도 고객이 부담합니다.

그러나 부동산의 현상을 변경하거나 가치가 저하될 수 있는 행위를 할 때는 신탁사의 승인이 필요합니다. 이 조항은 부동산의 가치를 보호하기 위한 조치로, 고객이 부동산의 사용 권한을 가지고 있더라도 중요한 변경은 신탁사의 사전 승인을 받아야 한다는 점을 명확히 하고 있습니다.

제9조【신탁부동산의 보전관리 등】

① 위탁자는 신탁부동산을 사실상 계속 점유 사용하고, 신탁부동산에 대한 실질적인 보존과 일체의 관리행위 및 이에 따른 일체의 비용을 부담한다.

② 위탁자는 수탁자의 사전 승낙이 없는 경우에는 신탁부동산에 대하여 임대차 등 권리의 설정 또는 그 현상을 변경하는 등의 방법으로 신탁부동산의 가치를 저감하는 행위를 하여서는 아니된다.

③ 위탁자는 신탁부동산의 멸실.훼손 등 사고가 발생하거나 발생이 예상되는 경우에는 즉시 이를 수탁자에게 통지하여야 한다.

④ 위탁자는 신탁부동산의 가치보전 및 처분에 필요한 수탁자의 재산관리 행위를 용인하여야 한다.

⑤ 수탁자의 재산관리기간은 이 신탁계약이 존속하는 기간으로 하며, 신탁기간이 연장 또는 단축되는 경우에도 또한 같다.

제10조: 임대차

제10조【임대차 등】

① 위탁자는 신탁계약 이전의 임차인과 위탁자간 임대차계약의 임대인 명의를 수탁자로 갱신하는 등 임대차계약을 변경하는 데 협조하여야 한다.

② 제1항의 임대차 변경계약이 있은 후에도 임대보증금 외에 임차인이 위탁자에게 지급하는 월 임료가 있는 때에는 그 임료는 위탁자가 계속 수납하며 신탁기간 중 임대차계약이 종료되거나 중도에 해지하는 경우의 임대차보증금 반환채무는 위탁자가 부담한다.

③ 신탁기간 중 임대차 계약기간 만료 도래 또는 임대차계약을 해지하는 경우 이에 따른 임대차보증금 등 반환채무는 위탁자가 부담하며, 새로운 임대차계약은 수탁자 명의로 행한다.

④ 제3항의 규정에 불구하고 위탁자가 임의로 체결한 임대차계약은 이로써 수탁자에게 그 효력을 주장하지 못한다.

신탁 부동산의 임대차 계약과 관련된 사항입니다. 신탁 기간 중 임대차 계약이 만료되거나 해지될 경우, 보증금 반환 책임은 여전히 위탁자에게 있으며, 새로운 임대차 계약은 신탁사 명의로 체결되어야 합니다. 신탁사의 동의 없이 체결된 임대차 계약은 효력이 없으므로, 고객이 신탁 계약 이후 임대차 계약을 체결할 때는 반드시 신탁사의 동의를 받아야 합니다.

제18조: 신탁 부동산의 처분 시기

이 조항은 신탁 부동산이 강제 처분될 수 있는 상황을 다룹니다. 여신거래 약정 위반(예 : 대출 이자 연체, 상환 불이행)이나 신탁 계약 위반(예 : 신탁사의 동의 없이 임대차 계약 체결) 시, 신탁 부동산이 처분될 수 있습니다. 이는 고객이 신탁 계약을 체결할 때 반드시 염두에 두어야 할 중요한 조항입니다.

제18조【신탁부동산 처분 시기】

① 다음 각 호의 1에 해당하는 경우에는 신탁기간 종료 전이더라도 우선수익자의 요청 등에 의하여 신탁부동산을 처분할 수 있다. 다만, 제3호의 사유 발생으로 위탁자가 우선수익자의 채권을 확보하기에 충분하다고 인정하는 부동산을 추가 제공하는 경우에는 처분하지 아니한다.

  1. 우선수익자와 채무자간에 체결한 여신거래 약정 위반 시

  2. 신탁계약 위반 시

  3. 기타 담보가치 저감 등 환가요인 발생시

② 제1항의 경우 수탁자에게 신고 된 위탁자의 주소로 처분예정 사실을 통지하면 이는 위탁자에게 도달한 것으로 보며, 위탁자는 신탁부동산 처분예정 사실을 사전에 인지하지 못한 이유 등으로 수탁자의 처분행위에 대하여 이의를 제기하지 못한다.

제22조: 처분대금 정산 방법

제22조【처분대금 등 정산 방법】

① 수탁자가 신탁부동산을 환가하여 정산하는 경우의 충당순서는 다음 각 호의 순서에 의한다.

 1. 부동산관리 및 공매 절차에 따른 비용, 수탁자가 수취할 보수(신탁보수 및 대리사무 보수)
 2. 처분대금 수납시까지 고지된 재산세 등 당해세
 3. 제4호 규정에 의한 근저당권자 등에 우선하는 임대차보증금
 4. 신탁설정 전 근저당권자의 채권(채권최고액 범위 내)
 5. 법률상 대항력 있는 임차인의 임대차보증금
 6. 우선수익자의 채권
 7. 순차 변제하고 잔여액이 있을 경우 그 잔여액은 수익자에게 지급

② 신탁부동산 처분과 관련하여 수탁자가 받은 계약보증금(계약해제시 위약금 포함), 중도금, 잔금 등은 이해관계인에게 지급할 때까지 수탁자가 관리하며 그 운용수익금은 제1항의 정산대금에 산입한다.

③ 처분대금 등의 정산 시기는 처분대금을 완전 수납한 후에 한다. 다만, 처분대금을 분할 납부하는 경우 수탁자에게 손해가 없는 때에는 완전수납전이라도 정산할 수 있다.

④ 제1항 제7호의 금액은 위탁자가 양수인에게 신탁부동산을 명도한 후에 양수인의 인수확인서를 수탁자에게 제시하였을 때 지급한다.

신탁 부동산이 처분될 경우, 처분대금을 어떤 순서로 정산할지 규정하는 조항입니다. 공매 절차와 관련된 비용, 재산세와 같은 당해세, 임대차 보증금, 그리고 은행의 대출 원금과 이자 등이 우선 정산됩니다. 잔여금이 있다면 기존 소유자에게 지급되지만, 실무에서는 잔여금이 남는 경우가 드뭅니다.

담보신탁 계약서의 주요 조항들을 이해하는 것은 고객에게 신뢰를 줄 수 있는 중요한 부분입니다. 특히, 신탁 부동산의 관리, 임대차, 강제 처분, 처분대금 정산과 같은 핵심 조항들을 숙지하고 이를 고객에게 설명할 수 있어야 합니다.

신탁 대출에서 고객에게 특히 강조해서 설명해야 할 두 가지 핵심 사항이 있습니다. 첫째는 소유권이 신탁회사로 이전된다는 점이고, 둘째는 임대차 계약 시 신탁회사의 사전 동의가 필요하다는 점입니다.

특히 임대차 관련 사항은 각별한 주의가 필요합니다. 소유권이 신탁회사에 있기 때문에, 임대차 계약을 체결하기 위해서는 반드시 신탁회사의 동의를 받아야 합니다. 이러한 내용을 사전에 충분히 설명하지 않아 신탁 대출 실행 후 민원이 제기되는 경우가 많습니다. 따라서 계약서에 명시된 내용이라 하더라도, 이러한 중요 사항을 고객에게 별도로 강조해 설명함으로써 향후 발생할 수 있는 불필요한 분쟁을 예방해야 할 것입니다.

담보신탁과
저당권의 차이

　고객들이 직접 '신탁 대출을 받고 싶다'라고 요청하는 경우는 거의 없습니다. 제 경험상 대부분의 고객은 단순히 '대출을 받고 싶다'라는 의사만 표현할 뿐, 특정 대출 방식을 지정하지는 않습니다. 따라서 은행 실무자가 고객의 상황과 필요에 맞춰 저당권 방식과 신탁 방식 중 적합한 것을 선택해서 제안할 수 있어야 합니다.

　이번 장에서는 근저당권 방식과 담보신탁 방식의 주요 차이점을 살펴보겠습니다. 이 두 방식은 대출 구조와 한도 산정에 각기 다른 영향을 미치므로, 고객의 상황에 따라 더 유리한 방식을 선택하는 것이 중요합니다. 각 방식의 특징과 장단점을 자세히 비교해서 실무에서 어떻게 적절히 활용할 수 있는지 알아보도록 하겠습니다.

〈담보신탁과 저당권의 차이〉

구분	근저당권	담보신탁
금융기관	근저당권자	우선수익자
채무자	소유권자	위탁자 겸 수익자
임대차	금융기관의 동의 필요 없음.	금융기관의 사전 동의가 필요함.
대출한도	지역별, 대출기관별 LTV 한도 – '방공제' (임대차보호법상 최우선변제 대상)	지역별 대출기관별 LTV한도
연체시 법적조치	법원 경매	신탁사 공매

임대차 계약의 차이

저당권 방식 : 금융기관의 동의 불필요

저당권 대출에서는 고객이 자신의 부동산을 담보로 대출을 받더라도, 은행이 임대차 계약에 관여할 권한은 없습니다. 고객은 은행의 동의 없이도 임대차 계약을 체결할 수 있습니다. 이는 고객이 대출을 받은 후에도 부동산을 자유롭게 임대할 수 있다는 것을 의미합니다.

담보신탁 방식 : 금융기관(신탁회사)의 사전 동의 필요

반면, 담보신탁 대출에서는 소유권이 신탁회사로 이전되기 때문에, 고객이 임대차 계약을 체결하려면 신탁회사와 은행의 사전 동의가 필요합니다. 신탁회사가 부동산의 실질적인 소유자가 되기 때문에, 임대차 계약에 대해 신탁회사가 결정권을 가지게 되며, 이 과정에서 은행의 동의를 받아야 합니다.

대출 한도의 차이

저당권 방식 : 방공제 적용

저당권 대출에서는 대출 한도를 산정할 때 방공제를 적용합니다. 방공제란, 은행이 대출을 실행할 때 주택의 방 개수마다 최우선변제금을 차감하고 대출 한도를 설정하는 것을 말합니다. 이는 임대차 보증금이 우선 보호되어야 하기 때문입니다. 예를 들어, 임차인이 있는 아파트의 경우, 임차인의 보증금이 경매 시 최우선으로 보호되기 때문에, 은행은 이 보증금을 감안해 대출 한도를 줄입니다.

담보신탁 방식 : 방공제 미적용

신탁 대출에서는 소유권이 신탁회사로 넘어가기 때문에, 기존 소유자는 임대차 계약에 대한 권한이 없으며, 은행도 방공제를 적용하지 않습니다. 이는 은행이 임대차 보증금에 대한 우선변제 부담을 지지 않게 되어, 대출 한도가 더 높아질 수 있는 결과를 가져옵니다. 다만, 일부 금융기관에서는 신탁 방식으로 취급하더라도 방공제를 적용하기도 합니다.

대출 한도 결정의 차이

저당권 방식

저당권 대출에서는 LTV(Loan to Value) 규제에 따라 대출 한도가 결정됩니다. 은행은 부동산의 감정가를 기준으로 LTV 비율을 적용한 후,

방공제를 차감해 최종 대출 한도를 산정합니다.

담보신탁 방식

신탁 대출도 LTV 규제를 적용받지만, 최우선변제권(방공제) 금액을 차감하지 않아도 된다는 특징이 있습니다. 따라서 동일한 감정가를 기준으로 할 때 저당권 대출보다 더 높은 한도의 대출이 가능합니다. 이러한 특성은 고객이 더 큰 규모의 자금을 필요로 할 때 신탁 대출이 효과적인 대안이 될 수 있음을 의미합니다.

◆

담보신탁과 저당권의 차이를 명확히 이해하는 것은 고객에게 적절한 대출 상품을 추천하고, 복잡한 대출 구조를 잘 설명하는 데 매우 중요합니다. 신탁 대출은 임대차 계약에서 금융기관의 동의가 필요하다는 제약이 있지만, 대출 한도에서 방공제를 적용하지 않아 더 높은 대출금을 제공할 수 있는 장점이 있습니다.

다만, 신탁 방식이라고 해서 무조건 방공제를 하지 않는 것은 아닙니다. 금융기관, 지점에 따라서 신탁 대출을 취급하더라도 방공제를 하고 대출을 취급하는 곳도 있습니다. 법적으로는 방공제가 필수가 아니지만, 더 안전한 대출 관리를 위해 자체적으로 적용하는 방식입니다. 여러분께서는 여러분이 근무하고 있는 은행 또는 지점의 규정에 맞춰서 신탁 대출을 취급하는 것이 좋겠습니다. 다음 장에서는 방공제가 정확하게 무엇인지 최우선변제 금액에 대해서 설명해드리도록 하겠습니다.

소액임차인과
최우선변제 금액

　최우선변제 금액은 부동산 대출과 임대차 계약에서 핵심적인 요소 입니다. 이는 주택임대차보호법에 근거한 제도로, 소액임차인의 보증금을 보호하기 위해 마련되었습니다. 임차인은 자신의 임대차 보증금 중 일정 금액에 대해 경매나 공매 시 다른 채권자보다 우선해서 변제받을 수 있는 권리를 갖게 됩니다. 즉, 해당 부동산에 대출이 있더라도 소액임차인의 보증금은 법적으로 보호받을 수 있도록 하는 제도적 장치입니다.

　이러한 임대차보호법은 임차인의 권리를 보호한다는 측면에서는 긍정적이나, 소유자 입장에서는 제약이 될 수 있습니다. 최우선변제 금액만큼 대출 한도가 감소해서 실제 받을 수 있는 대출금이 줄어들기 때문입니다. 바로 이런 이유로 최우선변제금액을 차감하지 않아도 되는 신탁 대출이 수요가 있는 것입니다.

최우선변제 금액의 지역별 차이

최우선변제 금액은 지역별로 다르게 설정되어 있으며, 다음과 같은 차이를 보입니다.

소액임차보증금!

지역구분	최우선 변제금
서울특별시	5,500만원 이하
과밀억제권역 & 용인·화성·세종·김포	4,800만원 이하
광역시 & 안산·광주·파주·이천·평택	2,800만원 이하
그 밖의 지역	2,500만원 이하

<소액임차인의 범위 및 최우선변제금 상향 조정 결과>

구분		지역구분	우선변제를 받을 임차인의 범위	보증금 중 우선변제를 받을 일정액의 범위
현행	1호	서울특별시	1억 5,000만원 이하	5,000만원 이하
	2호	과밀억제권역, 용인·화성·세종·김포	1억 3,000만원 이하	4,300만원 이하
	3호	광역시, 안산·광주·파주·이천·평택	7,000만원 이하	2,300만원 이하
	4호	그 밖의 지역	6,000만원 이하	2,000만원 이하
개정	1호	서울특별시	1억 6,500만원 이하 (1,500만원↑)	5,500만원 이하 (500만원↑)
	2호	과밀억제권역, 용인·화성·세종·김포	1억 4,500만원 이하 (1,500만원↑)	4,800만원 이하 (500만원↑)
	3호	광역시, 안산·광주·파주·이천·평택	8,500만원 이하 (1,500만원↑)	2,800만원 이하 (500만원↑)
	4호	그 밖의 지역	7,500만원 이하 (1,500만원↑)	2,500만원 이하 (500만원↑)

서울 : 5,500만 원

경기도 : 4,800만 원

광역시 및 기타 수도권 외곽지역 : 2,800만 원

그 밖의 지역 : 2,500만 원

서울은 가장 높은 최우선변제 금액을 보이며, 지방 소도시는 가장 낮은 금액으로 설정되어 있습니다. 이러한 차이는 지역별 부동산 시장의 특성과 물가 상승률에 맞춰 조정됩니다. 예를 들어, 2023년에도 최우선변제 금액이 일괄적으로 500만 원씩 인상되었습니다.

대출과 최우선변제 금액의 관계

최우선변제 금액이 높아질수록 대출 한도가 감소합니다. 이는 특히 다가구주택이나 상가주택과 같은 수익형 부동산에 큰 영향을 미칩니다. 이러한 물건은 방 개수마다 최우선변제 금액을 차감해야 하므로, 방이 많을수록 실제 대출 가능 금액이 크게 줄어들기 때문입니다.

신탁 대출의 필요성

이런 상황에서 신탁 대출은 투자자들에게 유리한 선택이 될 수 있습니다. 신탁 대출은 저당권 방식과 달리 최우선변제 금액을 차감하지 않기 때문에, 대출 가능 금액이 상대적으로 더 높게 책정됩니다. 특히, 서울, 경기, 수도권 지역과 같은 부동산 가치가 높은 지역에서는 신탁 대출 방식을 통해 더 많은 자금을 조달할 수 있습니다.

고객 상담 시 유의사항

은행원으로서 고객에게 대출 상담을 진행할 때, 최우선변제 금액의 지역별 차이와 변화, 그리고 대출 한도에 미치는 영향을 명확히 설명하는 것이 중요합니다. 고객의 투자 지역과 부동산 특성을 고려해서 일반 대출과 신탁 대출의 차이를 이해시키고, 최적의 대출 방식을 제안함으로써 고객의 신뢰를 얻을 수 있습니다.

◆

　서울과 같은 지역은 최우선변제 금액이 크기 때문에 대출 한도에 미치는 영향도 큽니다. 따라서 투자자들이 수익형 부동산을 담보로 대출을 받고자 할 때는 신탁 대출을 적극적으로 안내하는 것이 중요합니 다.

　저는 서울의 수익형 부동산 대출을 취급할 때 신탁 방식을 선호합니다. 대출 한도가 높아 고객 만족도가 높기 때문입니다. 다만 방이 많은 수익형 부동산의 경우, 대출 취급 후 채권 관리에 각별한 주의가 필요합니다. 이는 임대차 계약이 빈번하게 발생하고 모든 계약을 신탁사를 통해 진행해야 하기 때문입니다. 실제로 신탁 대출을 받은 후 불법 임대차 계약을 체결해 문제가 된 사례도 있습니다. 이러한 이유로 신탁 대출은 장점이 많음에도 불구하고 저당권 설정 방식만큼 대중화되지 못했습니다.

　마지막으로 강조하고 싶은 점은 신탁 대출의 안전한 취급입니다. 신탁 대출 관련 피해 사례가 증가하고 있으며, 이로 인해 금융사가 법적 책임(법적 책임이 없더라도 도의적 책임)을 질 수 있기 때문입니다. 따라서 철저한 관리를 통해 피해를 사전에 방지하는 것이 중요합니다.

　다음 장에서는 구체적으로 어떨 때 신탁 대출을 취급하면 좋을지 설명해드리도록 하겠습니다.

어떤 때 담보신탁 대출이
필요할까?

대출 상담을 하면서 많은 고객이 신탁 대출에는 규제가 전혀 없다고 오해하고 있습니다. 그러나 신탁 대출 역시 LTV, DSR, RTI 등 일반적인 대출 규제를 모두 적용받습니다. 신탁 대출의 주요 장점은 방공제를 하지 않는다는 점입니다. 제 경험상 신탁 대출은 특정 상황에서 매우 효과적이며, 고객의 대출 한도를 최적화하면서도 리스크를 관리하는 데 탁월한 수단이 될 수 있습니다.

이 장에서는 신탁 대출이 필요한 구체적인 상황들을 살펴보도록 하겠습니다.

법인의 부동산 투자

현재 법인의 주택 담보 대출은 제약이 많습니다. 일반적인 주택 담보 대출에서 적용되는 보증보험에 가입할 수 없습니다. 따라서 법인이 부동산을 구입하거나 투자할 때는 신탁 대출을 통해 자금을 조달하는 것이 일반적입니다. 신탁 대출을 통해 법인은 소유권을 신탁회사에 이전하고, 금융기관은 안정적으로 대출을 실행할 수 있습니다.

다가구주택

다가구주택은 여러 가구가 거주하는 주택 유형으로, 임대차 계약이 필수입니다. 이런 경우 보증보험 가입이 어렵기 때문에, 대출을 진행할 때 신탁 대출을 선택하는 것이 더 유리할 수 있습니다. 신탁 대출은 방 차감 없이 대출 한도를 극대화하는 방법입니다.

선순위 임대차가 있는 경우

부동산에 이미 선순위 임대차 계약이 있는 경우, 최우선변제금 차감으로 인해 대출 가능 금액이 줄어들 수 있습니다. 예를 들어, 서울의 아파트에 보증금 1,000만 원에 월세 200만 원의 임차인이 있는 경우, 대출 계산 시 최우선변제금 5,500만 원을 차감해야 합니다. 이 경우 신탁 대출을 통해 더 많은 대출금을 받을 수 있습니다. 신탁 대출에서는 현재 보증금 1,000만 원만 차감할 수 있기 때문입니다(이 방식 또한 금융기관, 지점에 따라 일부 다를 수 있습니다).

상가주택

상가와 주택이 혼합된 상가주택은 그 특성상 보증보험 가입이 제한적입니다. 상가주택은 상가와 주택의 비율에 따라 주택담보대출 규제 적용 여부가 결정됩니다. 이러한 상가주택은 다수의 방을 보유하고 있어 신탁 대출을 활용하면 대출 한도를 높일 수 있습니다.

고시원

고시원은 다수의 방이 있는 형태로, 방공제를 모두 적용하면 대출 한도가 크게 줄어듭니다. 따라서 신탁 대출을 통해 대출 한도를 늘릴 수 있습니다. 다만, 고시원에서 임대차 계약 대신 입실 확인서를 사용하는 경우가 많아, 일부 금융기관에서는 방공제를 하지 않는 경우도 있습니다.

모텔, 호텔 등 숙박업소

숙박업소는 일반적으로 주택에 해당하지 않아 임대차 계약이 발생하지 않습니다. 다만 장기 임대의 경우 임대차 계약이 체결될 수 있으며, 이러한 경우 보수적인 대출 취급을 위해 방공제가 필요할 수 있습니다. 이때 신탁 대출을 활용하면 방공제 없이도 안전한 대출 취급이 가능합니다.

그 외 대출이 많이 필요한 경우

공유형 오피스, 상가, 병원, 빌딩 등 비주택 부동산에서도 신탁 대출이 유용할 수 있습니다. 주택은 주택임대차보호법에 따라 최우선변제금을 차감하지만, 비주택은 상가건물 임대차보호법에 따라 최우선변제금을 차감해야 합니다. 주거용 건물과 비주거용 건물 모두 신탁 대출을 활용하면 대출 한도를 높일 수 있습니다.

◆

일반적으로 개인이 아파트를 구입할 때 신탁 대출을 받지 않는 이유는 보증보험제도가 있기 때문입니다. SGI서울보증보험, HUG보증보험 등 보증보험회사에서 최우선변제 금액만큼 보증을 해주고, 은행은 방공제를 하지 않고 대출을 취급합니다. 그래서 일반적인 가계 대출의 경우, 방공제를 하지 않고도 대출을 받을 수 있는 것입니다.

이러한 보증보험은 개인의 주거용 주택에만 적용되므로, 앞서 설명한 사례들에는 해당되지 않습니다. 이런 경우 신탁 대출을 활용하면 대출 한도를 확대할 수 있습니다.

이처럼 실무에서 신탁 대출이 유용한 상황을 구체적으로 설명해드린 이유는, 이론적 이해를 넘어 실제 적용이 중요하기 때문입니다. 신탁 대출을 막연히 위험하다고 생각하는 은행원들이 있지만, 이러한 인식은 고객에게 적절한 대출 상품을 제안하는 데 걸림돌이 될 수 있습니다. 다음 장에서는 신탁 대출의 안정성에 대해 구체적으로 살펴보도록 하겠습니다.

신탁 대출은
안전한가요?

신탁 대출이 다양한 장점을 가지고 있음에도 불구하고, 많은 고객들이 이를 기피하는 주된 이유는 소유권이 신탁회사로 이전된다는 점입니다. 일반 저당권 설정의 경우 고객이 소유권을 유지한 채 은행이 담보권만 설정하는 반면, 담보신탁은 소유권이 신탁회사로 이전되기 때문에 고객들의 거부감을 유발할 수 있습니다. 특히 보유한 유일한 부동산인 경우, 이러한 심리적 부담이 더욱 크게 작용합니다.

하지만 결론부터 말씀드리면, 신탁 대출은 안전합니다. 대출 기간 동안 소유권이 신탁회사로 넘어가더라도, 대출금을 상환하면 소유권은 다시 고객에게 반환됩니다. 여러분께서는 이러한 특성을 고객에게 정확히 설명해 불필요한 우려를 해소하는 것이 중요합니다.

"부동산을 매매하고 싶으면 어떻게 해야 하나요?"

신탁회사로 소유권이 넘어갔다고 하더라도 부동산 매매는 가능합니다. 신탁 계약서에는 신탁재산의 임대차 계약에 신탁회사의 동의가 필요하다는 조항이 있지만, 매매를 제한하거나 매매에 신탁회사의 동의가 필요하다는 조항은 없습니다. 따라서 고객이 부동산을 매매하고자 할 때는 신탁회사의 제약 없이 매매가 가능하다는 점을 설명해야 합니다.

"신탁 부동산은 팔기가 어렵다고 하던데요?"

종종 '신탁 부동산은 매매하기 어렵다'라는 이야기를 들을 수 있습니다. 그러나 이는 신탁 부동산에 대한 경험이 부족한 공인중개사들이 하는 말입니다. 신탁 부동산을 매매해본 경험이 있는 공인중개사들은 오히려 그 장점을 강조합니다. 은행원으로서 이러한 상황을 잘 이해하고, 고객의 우려를 해소해주는 것이 필요합니다.

대부분의 신탁회사는 금융지주 계열사입니다. 예를 들어, KB신탁, 하나신탁, 신한신탁 등 익숙한 1금융권 은행의 계열사들입니다. 이는 매수자 입장에서 신탁회사가 개인 소유자보다 더 높은 신뢰성을 제공한다는 것을 의미합니다. 이러한 특성을 고객에게 설명함으로써 신탁 부동산에 대한 신뢰도를 제고할 수 있습니다.

신탁 부동산의 권리침해 가능성

때때로 부동산에 압류나 가압류 같은 권리침해 상황이 발생할 수 있습니다. 예를 들어, 고객이 부동산을 구입하기 위해 계약을 체결하고 계약금을 입금한 후, 해당 부동산에 다른 사람이 가압류를 설정하는 경우가 있을 수 있습니다. 이 경우 고객은 계약금을 돌려받기 위해 소송을 해야 할 수도 있습니다.

반면에 신탁 부동산은 소유권이 신탁회사로 이전되어 있어 압류나 가압류와 같은 권리침해의 위험이 현저히 낮습니다. 실제 사례로, 한 고객이 사업 악화로 인해 보유 자산에 압류 조치가 시행되었으나, 신탁 부동산은 압류 대상에서 제외되었습니다. 이를 통해 해당 고객은 신탁 부동산을 정상 매각해 경영상의 어려움을 극복할 수 있었습니다(신탁 부동산 자체에는 압류할 수 없지만, 소유자의 수익권에는 압류가 가능합니다).

신탁회사의 도산 격리 효과

신탁 부동산의 또 다른 장점은 신탁회사의 도산 격리 효과입니다. 신탁회사의 고유 재산과 신탁 재산은 분리되어 있어, 이를 '도산 격리 효과'라고 합니다. 즉, 신탁회사가 도산하더라도 신탁재산은 보호받습니다. 그리고 실제로 신탁회사가 망할 일은 거의 없습니다. 부실이 되더라도 흡수·합병을 하기 때문입니다.

따라서 신탁 대출에 대해 거부감을 가질 필요는 없습니다. 여러분이 거부감을 느끼는 것도 직접 해보지 않아서입니다.

한번은 이미 부동산 대출을 최대 한도로 받아둔 고객이 지점에 방문하셨습니다. 긴급하게 사업자금 및 생활자금으로 대출이 필요해서였습니다. 사정이 매우 어려우신지 대부업체에서 대출도 받으셨더라고요. 여러분도 아시다시피 대부업체 대출 이자율은 10~20%입니다. 그것도 합법적인 대부업체일 때이고, 불법 대부업체는 50~100%의 이자율도 많습니다.

저는 현재 보유하고 계신 부동산 담보 대출을 신탁 대출로 전환해 추가로 대출을 받을 수 있게 해드렸고, 그 자금으로 기존 대부업체 대출은 상환해드렸습니다. 만약 신탁 대출로 추가 대출을 하지 못했다면, 그 손님은 불법 대부업에도 손을 댔을 것이고, 상황이 악화되었을 것입니다.

이처럼 신탁 대출은 고객이 위기 상황에 직면했을 때 효과적인 해결책이 될 수 있습니다. 이것이 바로 신탁 대출의 특성과 활용 방안을 상세히 설명해드린 이유입니다. 중요한 것은 신탁 대출을 금융사의 이익을 위해 무분별하게 취급하는 것이 아니라, 고객의 상황에 맞춰 적절하게 활용하는 것입니다.

신탁 부동산의 임대차

신탁 대출을 취급할 때 여러분께서는 단순히 대출을 실행하는 것에 그치지 않고, 이후 발생할 수 있는 임대차 문제까지도 잘 이해하고 있어야 합니다. 대출이 실행된 후에도 고객이 안정적인 임대수익을 통해 대출 이자를 납부하고 추가적인 수익을 올릴 수 있도록 돕는 것이 중요합니다. 특히 신탁 대출은 방 개수가 많은 수익형 부동산에 자주 활용되기 때문에, 임대차 관리 방식을 정확하게 파악하는 것이 필수입니다.

이 부분을 간과하면 고객은 신탁 대출을 받은 것을 후회할 수 있으며, 이는 은행원으로서의 신뢰도에 부정적인 영향을 미칠 수 있습니다.

신탁사의 동의를 받고 임대차 계약을 체결하는 경우(FM)

신탁 부동산의 임대차 계약은 신탁회사와 직접 체결하거나 신탁회사의 동의를 받고 위탁자가 체결해야만 유효합니다. 실무에서는 대부분 신탁회사가 직접 계약을 체결하기보다는, 위탁자가 신탁회사의 동의를 받아 임대차 계약을 진행합니다. 그러나 신탁사가 임대차에 동의하기 위해서는 대출을 제공한 은행의 동의가 필요하므로, 실제로는 은행이 임대차 계약의 결정권을 가지고 있다고 볼 수 있습니다.

여기서 중요한 점은, 은행이 모든 신탁 대출에 대해 임대차 동의를 무조건 해줄 의무가 있는 것은 아니라는 것입니다. 신탁 계약서에 신탁사의 동의를 받아야 한다고 명시되어 있지만, 동의를 반드시 해야만 한다는 규정은 없습니다. 따라서 신탁 대출을 취급하면서, 손님과 임대차 관계에 대해서 충분히 논의해야 합니다. 제 경험상 신탁 대출을 취급한 후에 임대차 문제 때문에 분쟁이 많이 생기곤 합니다. 사전에 임대차에 대해서 정확하게 논의하지 않았기 때문이죠.

은행 입장에서는 신탁 대출에 대한 임대차 자체가 부담입니다. 예를 들어, 방이 20개인 원룸 주택의 신탁 대출에 대해서 매번 월세 계약을 체결할 때마다 은행 동의가 필요하다면 얼마나 번거로울까요? 은행뿐만 아니라 그 계약의 이해관계인인 고객, 공인중개사, 신탁사 모두에게 번거로운 일이 될 수 있을 것입니다. 따라서 대출 약정 시 임대차 관련 사항을 미리 협의하는 것이 매우 중요합니다.

고객이 향후 임대차를 계획하고 있다면, 임대차 계약에 대한 동의를 요청하고 이를 미리 협의해야 합니다. 만약 신탁 부동산에 대한 임대차 동의가 어렵다면, 신탁 대출을 취급하기 전에 임대차가 불가능하다는 점이나 임대차 동의가 불가능하다는 점을 명확히 해야 합니다. 이런 경우에는 신탁 대출 자체를 취급하지 않는 것도 하나의 방법입니다. 무리하게 대출을 진행해 나중에 문제가 발생하는 것보다는 처음부터 취급하지 않는 것이 더 안전할 수 있기 때문입니다.

"보증금은 어떻게 처리하나요?"

신탁 부동산의 임대차 계약에 은행이 동의해준다는 것은, 은행 대출금보다 선순위로 임대차 보증금을 인정하는 셈입니다. 이는 은행에 리스크가 될 수 있기 때문에, 임대차 보증금이 발생하면 대출금을 상환하도록 유도하는 것이 관례입니다. 이를 통해 선순위 보증금으로 인한 은행의 리스크를 줄일 수 있습니다.

또 다른 방법으로는 보증금을 별도의 계좌에 유보해두는 방식이 있습니다. 이를 통해 보증금을 상환하지 않으면서도 관리할 수 있습니다. 이러한 보증금 유보용 계좌는 주로 대형 건물이나 빌딩에서 사용되며, 다가구주택이나 상가주택 같은 소형 부동산에는 적용되지 않습니다. 그럼에도 불구하고 보증금 유보 계좌를 개설하는 경우도 있습니다. 대출 사전에 이러한 부분에 대해서 충분히 논의하는 것이 중요합니다.

보증금 유보용 신탁계좌를 만드는 것은 리스크 관리에 유리하지만, 계좌 개설 비용이 상당할 수 있다는 점도 고려해야 합니다. 고객의 상황에 맞게 장단점을 설명하고, 최적의 방안을 제시하는 것이 중요합니다.

신탁사의 동의를 받지 않고 임대차 계약을 체결하는 경우

간혹 손님이 신탁사의 동의 없이 임의로 임대차 계약을 체결하는 경우가 있습니다. 보통 보증금이 작은 경우죠. 신탁사 동의를 받지 않은 계약은 신탁 계약 위반 사항이며, 적법한 임대차 계약이 아니기 때문에 문제가 발생합니다. 신탁 부동산 임대차 사기 또한 이런 사례 중에 하나입니다.

실무상 대출이 실행된 후, 임대차 계약이 체결되었는지의 여부를 모두 체크할 수는 없습니다. 이제는 은행에서 주기적으로 신탁 부동산의 임대차 관계를 조사하고, 신탁 부동산에 대한 임대차 사기가 발생하지 않도록 관리하고 있습니다.

신탁 대출의 취급은 시작에 불과하며, 이후의 관리 업무가 더욱 중요합니다. 최근 신탁 대출과 관련된 임대차 사기가 사회적 문제로 대두되고 있는 만큼, 이를 예방하기 위한 철저한 관리가 필수적입니다.

신탁이
제한되는 부동산

앞에서 신탁에 대해 전반적으로 설명을 해드렸는데요. 그렇다고 모든 부동산이 신탁되는 것은 아닙니다. 특정 유형의 부동산은 신탁이 제한될 수 있으며, 이를 미리 파악하고 있어야 합니다. 한번은 신탁 대출을 진행하려고 상담을 마쳤는데, 신탁회사에서 이 부동산은 신탁이 되지 않는다고 해서 애를 먹었는데요. 그래서 여러분께서는 신탁이 안 되는 부동산이 어떤 부동산인지 정확히 인지하고, 고객에게 안내할 수 있어야겠습니다.

이 장에서는 대표적인 신탁 제한 부동산 몇 가지를 살펴보겠습니다.

농지법상 농지

토지대장상 지목이 전(田), 답(畓), 과수원으로 분류된 토지는 원칙적으로 신탁이 불가능합니다. 이는 농지법에 따라 농지를 보호하고 그 용도를 유지하기 위한 규제 때문입니다. 그러나 예외적으로 농지 전용협의를 완료한 경우에는 신탁이 가능합니다. 전용이란, 농지를 다른 용도로 변경해 사용할 수 있게 하는 절차를 말합니다. 따라서 고객이 농지를 신탁하고자 할 때는 반드시 전용협의 완료 여부를 확인해야 합니다.

미완성 건물

미완성 건물도 신탁이 불가능한 부동산에 해당합니다. 이는 저당권 설정이 불가한 것과 같은 이유입니다. 때때로 지어지다 만 건물에 대해 대출을 요청하는 경우가 있는데, 신탁 대출을 통해서는 이를 처리할 수 없습니다. 미완성 건물에 대한 대출 요청 시, 대체 대출 방안을 검토하거나 준공 이후의 신탁 대출 가능성을 안내하는 것이 바람직합니다.

건축법 위반 건축물

건축법을 위반한 건축물은 원칙적으로 신탁이 불가능합니다. 건축법 위반으로 인해 신탁사가 원상복구명령이나 이행강제금을 부과받을 위험이 있기 때문에, 신탁사는 이러한 건축물에 대해 신탁을 받아들이지 않습니다. 그러나 실무에서는 가벼운 위반 사항에 대해서는 신탁이 허용될 수 있습니다. 이 경우, 위반의 경중과 신탁사의 정책에 따라 달라질 수 있으므로, 신중한 검토가 필요합니다.

앞의 세 가지는 신탁이 제한되는 대표적인 경우입니다. 이것 말고도 여러 가지 경우가 더 있습니다. 다음의 표에 정리해놨으니 업무에 참고하시기 바랍니다.

신탁이 제한되는 부동산

1. 재단법인의 기본 재산인 부동산

2. 농지법상 농지

3. 미완성 건물

4. 집합건물의 대지

5. 구조상 독립성이 소멸된 구분건물

6. 제3자가 건물 소유 목적으로 임차한 토지

7. 부지에 대한 사용권한이 없는 건물

8. 건축법을 위한 건축물

9. 임대차 목적물인 부동산

Chapter 04

건축자금 대출

브리지 토지 대출,
취급해도 될까요?

최근 3~4년 동안 제가 많이 취급한 대출 중 하나가 바로 브리지 대출입니다. 브리지 대출이라는 용어가 익숙하지 않으신 분들을 위해 간단히 설명해드리겠습니다. '브리지'란, 단어 그대로 '다리'를 의미합니다. 즉, 브리지 대출은 다리 역할을 하는 대출로, PF 대출(건축자금 대출)을 실행하기 전에 토지를 담보로 제공받는 대출을 말합니다.

과거 몇 년 동안 부동산 경기가 좋았기 때문에 대부분의 브리지 대출이 PF 대출로 전환되었습니다. 그러나 최근 부동산 경기가 어려워지면서 PF 대출로 전환되지 못하는 사례가 늘고 있습니다. 이로 인해 PF 대출로 전환되지 않은 브리지 대출이 금융권의 부실채권으로 남아 문제가 되고 있습니다. 이런 상황에서 브리지 대출을 취급하는 것은 매우 신중을 기해야 합니다. 이번 장에서는 제가 브리지 대출을 판단하는 기준을 설명해드리겠습니다.

우량한 부동산 지역

부동산 대출 심사에서 물건의 소재지는 매우 중요한 요소입니다. 특히, 브리지 대출은 PF 대출을 전제로 하기 때문에, 해당 지역이 사람들에게 선호되는 곳이어야 합니다. 분양이 잘 이루어지지 않는 지역에 건물을 짓는다면 PF 대출이 성공할 가능성이 낮기 때문입니다.

제가 선호하는 지역 순서는 다음과 같습니다. '서울 중심지 〉 서울 외곽 〉 수도권 중심지 〉 수도권 외곽 〉 지방 광역시 〉 지방 소도시' 순입니다. 현재처럼 부동산 시장이 좋지 않은 상황에서는 더욱 보수적으로 접근하게 됩니다. 물론, 지하철이나 기차역 근처와 같은 역세권 지역이라면 좀 더 긍정적으로 검토할 수 있습니다. 역세권은 누구나 선호하는 지역이고, 희소성의 가치가 있기 때문입니다.

낮은 LTV(Loan to Value)

브리지 대출은 PF 대출 전 단계에서 취급되기 때문에, PF 대출로 전환되지 않으면 부실채권이 될 위험이 있습니다. 그러나 토지 금액 대비 대출 금액(LTV)이 낮다면, PF 대출로 전환되지 않더라도 리파이낸싱 대출을 받을 수 있거나, 토지를 매각해 대출금을 상환할 가능성이 큽니다. 이 경우, 브리지 대출이 아니라 일반 토지 담보 대출로도 간주할 수 있습니다.

특히 LTV가 낮은 경우는 신규 토지 매입이 아닌, 기존 토지 소유자의 개발자금 대출일 가능성이 큽니다. 상속·증여받은 토지나 저가 매입 토지의 개발이 이러한 사례에 해당합니다. LTV가 낮은 경우에는 PF 대출이 실행되지 않더라도 부실화 위험이 낮습니다. 담보물 매각을 통한 채무 상환이나 타 금융기관을 통한 대환이 가능하기 때문입니다.

적절한 건축물 수지 분석

브리지 대출을 초기에 취급할 때는 PF 대출 경험 부족으로 지역과 LTV 만을 심사 기준으로 삼았습니다. 그러나 PF 대출 취급 경험을 통해 브리지 대출 평가의 핵심이 건축물 수지 분석표임을 알게 되었습니다.

건축물 수지 분석표는 건축사업의 수익성을 평가하는 도구로, 토지비·건축비·금융비용 등 총비용과 분양수입금을 비교 분석합니다. 사업의 성공을 위해서는 수익이 비용을 상회해야 합니다. 수익성이 현저히 낮거나 없는 사업의 경우, PF 대출 실행 가능성이 희박하므로 브리지 대출 취급을 지양해야 합니다.

수지 분석표는 단순한 한 장짜리 문서일 수 있지만, 그 중요성은 큽니다. 뒤에서 PF 대출 분석 시 수지 분석표에 대해 더 자세히 설명해드리겠습니다.

◆

브리지 대출은 PF 대출 실행 전에 취급하는 단기 토지 담보 대출입니다. PF 대출로의 전환이 실패할 경우 부실화 위험이 크므로, 다음의 세 가지 핵심 기준에 따른 심사가 필수적입니다. 첫째, 부동산의 입지 우량성, 둘째, LTV의 적정성, 셋째, 사업 수지의 타당성입니다. 이러한 심사 기준을 엄격히 적용해 리스크를 최소화하는 것이 브리지 대출 취급의 핵심입니다.

브리지 토지 대출,
안전하게 취급하려면?

앞에서 브리지 대출에 대해 배웠습니다. 현재 부동산 경기가 좋지 않아 브리지 대출을 취급하기가 쉽지 않지만, 앞서 설명한 세 가지 기준에 부합하는 경우라면 신중하게 검토해볼 수 있습니다. 제가 최근 서울 도심에서 취급한 브리지 대출의 경우, 2040 서울시 도시계획상 해당 물건 인근이 개발 예정 구역이었습니다. 개발 계획이 실현되지 않더라도 역세권이라는 입지적 희소가치를 고려해 대출을 승인했습니다. 이처럼 브리지 대출 취급에서는 토지의 가치 평가가 핵심입니다.

이번 장에서는 실제로 브리지 대출을 취급할 때, 어떻게 하면 좀 더 안전하게 대출을 취급할 수 있는지 알아보겠습니다. 제가 취급했던 대출의 실제 사례를 바탕으로 쉽게 설명해드리겠습니다.

대출 기간을 길게 설정하고, 이자를 확보하는 방법

브리지 대출은 토지를 담보로 하는 대출 상품입니다. 토지는 일반 건물과 달리 임대수익이 발생하지 않아, 이자 재원을 사전에 확보하지 않을 경우 연체 위험이 높습니다. 미분양 담보 대출 역시 임대수익이 없어 이자 확보가 중요합니다. 따라서 브리지 대출은 대출 기간 중 현금흐름을 기대하기 어려우므로, 이자 재원의 사전 확보가 필수적입니다.

제가 취급한 브리지 대출의 경우, 대출 기간을 20개월로 설정했습니다. 일반적으로 브리지 대출은 12개월 미만으로 설정되지만, 현재의 부동산 시장 침체를 고려할 때 PF 대출 전환 가능성이 작아 충분한 기간을 확보한 것입니다. 물론, 20개월 동안의 이자는 미리 확보했습니다. 채무자들은 대출 기간이 늘어나는 것을 선호하지는 않습니다.

대출 기간이 늘어나면, 그만큼 이자 유보 금액이 많아지기 때문입니다. 그러나 사업 지연 리스크에 대비하기 위해서는 충분한 대출 기간 설정이 필수라고 생각했습니다. 이에 따라 최소 20개월분의 이자 재원 확보를 필수 요건으로 설정했습니다.

대출금을 일시에 지급하지 않고, 인출 사유가 발생할 때마다 지급하는 방법

대출금은 보통 일시에 지급되는 것이 일반적이지만, 때로는 대출금을 일시에 지급하지 않고 인출 사유가 발생할 때마다 지급하는 것이 안전할 수 있습니다.

제가 취급한 브리지 대출의 경우, 한도 대출로 실행하고 실제 지급 사유가 발생할 때마다 지급했습니다. 이는 소유자가 이미 구입해놓은 토지를 담보로 대출을 받았기 때문에 가능했습니다. 이번 대출은 기존 토지를 담보로 자금을 조달해 주변 토지를 매입하고, 인허가 비용으로 사용할 계획이었습니다.

대출 약정 시 대출 인출 사유를 사전에 정해두고(예 : 주변 토지 매입, 인허가 비용), 사유가 발생할 때마다 한도 금액을 인출하는 방식으로 진행했습니다. 이렇게 하지 않으면 채무자가 사업과 무관한 곳에 대출금을 사용할 수 있으며, 이를 금융기관이 관리하기 어렵습니다. 이러한 방식은 번거로울 수 있지만, 대출의 부실을 방지하기 위해 필요한 조치입니다.

사업지의 토지 확보율이 높은 경우

건물을 짓기 위해서는 넓은 면적의 토지가 필요합니다. 여러 필지의 토지를 합쳐서 건축을 진행하는 경우가 많으며, 일부 필지만 확보된 상태에서는 사업이 어려워질 수 있습니다.

예를 들어, 열 개 필지 중 세 개 필지만 확보된 경우와 열 개 필지 모두 확보된 경우를 비교하면, 당연히 열 개 필지를 모두 확보했을 때가 더 안전합니다. 개발사업의 성공을 위해서는 충분한 토지 확보가 전제되어야 합니다. 따라서 브리지 대출 취급 시 높은 토지 확보율이 리스크 관리의 핵심 요소입니다.

앞서 언급한 서울 소재 브리지 대출의 경우, 초기 토지 확보율은 낮았으나 대출금을 통한 인근 부지 매입 계획이 있었습니다. 향후 토지 확보율 상승을 전제로 대출을 승인했으며, 실제로 대출금으로 인근 부지를 매입 완료해서 현재 PF 대출을 추진 중입니다.

◆

이번 장에서는 브리지론의 안전한 취급을 위한 세 가지 핵심 원칙을 살펴보았습니다. 이를 정리하면 다음과 같습니다.

첫째, 충분한 대출 기간을 설정하고 해당 기간의 이자 재원을 사전에 확보합니다.

둘째, 대출금은 일시 지급이 아닌 인출 사유 발생 시 분할 지급합니다.

셋째, 사업지의 토지 확보율이 높거나 확보율 상승이 확실한 경우에만 취급합니다.

브리지론의 안전한 취급을 위한 방안은 이 외에도 다양합니다. 대출 심사에는 절대적인 기준이 존재하지 않으며, 풍부한 경험과 전문 지식, 그리고 상황에 대한 종합적 판단이 필요합니다.

이 장에서 제시한 기준이 여러분만의 심사 기준을 수립하는 데 참고가 되기를 기대합니다.

브리지론 심사 포인트,
다섯 가지

브리지 대출은 PF 대출 실행 전 단계의 토지 담보대출입니다. 그러나 일반 토지 담보대출과 달리 PF 대출로의 전환 실패 시 부실화 위험이 커 각별한 주의가 필요합니다.

이 상에서는 브리지 대출 심사 시 점검해야 할 다섯 가지 핵심 요소를 살펴보도록 하겠습니다.

사업지 확보 여부

대부분의 개발사업은 한 개의 필지가 아닌, 여러 필지를 합해서 진행됩니다. 이러한 과정에서 발생하는 대표적인 리스크 중 하나가 '알박기'입니다. 알박기란, 개발이 예상되는 지역에서 토지주들이 지나치게 높은 매매 가격을 요구하거나, 아예 팔지 않는 것입니다. 이러한 상황은 대부분의 개발 사업장에서 발생하며, 토지의 80%를 확보했더라도 나머지 20%를 매입하지 못해 개발이 무산되는 경우가 많습니다.

브리지 대출은 '초기 브리지'와 '후기 브리지'로 나뉩니다. 초기 브리지 대출일수록 토지 확보가 덜 되어 있어 리스크가 큽니다. 예를 들어, 총 열 개의 필지를 확보해야 하는 상황에서 두 개의 필지만 확보된 상태로 대출을 진행한다면, 나머지 여덟 개의 필지를 확보하지 못할 리스크가 있습니다. 토지 확보가 실패하면 대출 또한 부실화될 가능성이 커지므로, 신중한 판단이 필요합니다. 그래서 대부분 총 사업지의 80% 이상 확보된 사업장만 대출을 취급하는 것이 안전합니다.

인허가 리스크

토지를 모두 확보했다고 하더라도, 주무관청으로부터 인허가를 받지 못하면 사업이 진행되지 못합니다. 인허가는 사업의 성패를 가늠하는 중요한 척도입니다. 브리지 대출을 심사할 때 예상 인허가 자료를 기반으로 평가합니다. 이때, 사업성이 뻥튀기되기도 하는데요. 흔히 토지의 용적률이 상향될 것을 가정하고, 사업성을 계산합니다. 이렇게 하면 당연히 사업성이 좋아 보이겠죠.

예를 들어, 2종 일반주거지역의 용적률은 원래 200%이지만, 서울의 역세권 개발 지역에서는 용적률이 500%까지 늘어날 수 있습니다. 하지만 인허가는 여러 주무관처의 허가가 필요하므로, 계획대로 되지 않는 경우가 많습니다. 그래서 보수적으로 판단해야 합니다.

토지의 입지

부동산에서 가장 중요한 요소는 입지입니다. 토지는 이동할 수 없기 때문에 어디에 위치하느냐가 사업의 성패를 좌우합니다. 국내에서 최고의 입지는 서울, 특히 강남 지역입니다. 좋은 입지는 시대가 변해도 그 가치가 지속되는데, 서울이 대표적인 사례입니다. 조선의 수도였던 한양은 명칭만 변경되어 현재의 서울이 되었으며, 실학자 정약용이 '한양을 떠나지 말라'고 강조했던 것은 입지의 본질적 가치를 꿰뚫어 본 것이라 하겠습니다.

앞으로도 입지의 중요성은 여전할 것입니다. 특히, 중심지와 외곽의 격차는 점점 더 심해질 것인데요. 인구가 감소하면서 젊은 사람들은 수도권, 특히 서울로 몰릴 것입니다. 지방 외곽은 일본처럼 소멸할 것입니다. 그래서 저는 이왕이면 서울 지역의 브리지 대출을 선호합니다.

사업의 수익성

보통 브리지 대출 단계에서는 인허가가 진행 중이고, 시공사도 확실히 정해지지 않습니다. 이러한 상황에서는 정확한 사업 수지 분석이 어렵습니다. 그러나 브리지 대출 취급 시 수익성 분석은 필수적입니다. 사업성 부재는 곧 부실화로 이어지기 때문입니다. 일반적으로 브리지 대출은 PF 대출을 통해 상환되는데, PF 대출의 핵심이 사업성인 만큼 사업성이 결여된 브리지 대출은 필연적으로 부실화될 수밖에 없습니다.

따라서 사업성이 없다면, PF 대출로 전환되지 않을 가능성이 커집니다. 이 때문에 브리지 대출을 취급할 때도 사업의 수익성을 파악하는 것이 중요합니다.

시행사의 신뢰도 및 재무 여력

시행사의 신뢰도와 재무구조는 개발사업의 성공을 좌우하는 핵심 요소입니다. 다수의 개발사업을 성공적으로 완수한 시행사는 축적된 노하우와 네트워크를 보유하고 있어, 초기 진입 시행사 대비 리스크가 현저히 낮다고 평가할 수 있습니다.

시행사의 자금 여력 또한 중요한 요소입니다. 예기치 않게 브리지 대출이 PF 대출로 전환되지 못하는 상황이 발생할 수 있습니다. 이 경우 시행사의 자금력이 부족하면 대출을 장기간 유지하기 어렵습니다.
브리지 대출은 현금흐름이 발생하지 않는 대출이므로, 지속적인 자금 투입이 필수적이기 때문입니다. 그래서 똑같은 위치와 사업성이어도 어떤 곳은 부실이 되고, 어떤 곳은 위기를 견뎌내는 것입니다.

브리지 대출은 부동산 대출 중에서도 어려운 대출입니다. 본질적으로 불확실성을 내포하고 있어 그에 상응하는 높은 수익성을 제공하는 'High Risk, High Return' 구조를 가집니다. 다양한 리스크 요소를 면밀히 분석하고 상황에 적합한 의사결정을 도출하는 것이 핵심입니다.

이 장에서 제시한 다섯 가지 심사 기준을 참고해 여러분만의 심사 기준을 수립한다면, 리스크는 최소화하면서 수익성 높은 브리지 대출을 취급할 수 있을 거라고 생각합니다.

PF 대출,
기초 용어가 궁금해요

프로젝트 파이낸싱(Project Financing, 이하 'PF') 대출은 언론에서 자주 접할 수 있는 금융 용어입니다. PF 대출은 일반 부동산 담보 대출과 달리 사업성을 근거로 준공 예정 건물을 담보로 취급하는 대출 방식입니다. 다수의 이해관계자가 참여하고 전문 용어가 많아 처음 접하는 실무자들이 어려움을 겪곤 합니다. 저 또한 예전에 PF 대출 회의에서 모르는 용어가 많이 나와서, 민망했던 경험이 있습니다.

이 장에서는 PF 대출에 대해 본격적으로 공부하기 전에 주요 용어부터 정리해보도록 하겠습니다.

금융 주간사

금융 주간사란, 대출을 주간하는 기관을 말합니다. 일반적인 부동산 담보 대출의 대출 모집인과 비슷한 개념인데요. 건물을 짓는 시행사가 금융기관과 직접 접촉하지 않고, 증권사나 자산운용사 같은 주간사에게 대출을 의뢰합니다. 주간사는 시행사로부터 받은 자료를 바탕으로 대출 제안서를 작성하고, 이를 금융기관에 소개하는 역할을 하는데요. 주간사의 역할이 중요합니다. 각 금융기관의 특징을 파악하고, 그에 맞는 대출을 소개해야 하니까요. 또한, 대출 조건을 조정하는 것도 이 주간사의 역할입니다.

주간사는 PF 대출의 시작부터 끝까지 대출을 관리합니다. PF 대출은 일반 담보 대출과 다르게, 대출 기간 동안에도 협의할 일이 많이 생기는데요. 주간사가 중간 역할을 잘하냐, 못하냐에 따라서 사업이 잘되기도, 망가지기도 합니다. 주간사는 PF 대출의 전문가입니다. 그렇다고 기죽을 필요는 없습니다. 여러분이 모르는 게 있다면, 주간사에 요청하고 배우면 되니까요.

IM

IM은 '인포메이션 메모랜덤(Information Memorandum)'의 약자로, 대출 제안서를 의미합니다. 시행사에서 제공한 자료를 기반으로 주간사가 작성하며, 금융기관은 이 IM 자료를 바탕으로 대출 여부를 심사합니다.

IM은 대출 심사에서 중요한 역할을 하며, 시행사 자료, 시공사 자료, 인허가 자료 등 중요한 정보를 요약해서 제공해야 합니다.

리파이낸싱

리파이낸싱(Refinancing)은 기존 대출을 새로운 대출로 대체하는 것을 의미합니다. 브리지 대출을 받은 후 PF 대출로 전환되지 않으면, 보통 리파이낸싱 대출을 받습니다. 다른 금융기관에서 추가 금액을 대출 받아 기존 대출을 상환합니다. 리파이낸싱 대출은 본질적으로 높은 리스크를 내포하고 있습니다. 사업이 정상적으로 진행되었다면 PF 대출로의 전환이 자연스러운 수순이기 때문입니다. PF 전환이 이루어지지 않았다는 것은 중대한 결격사유가 존재한다고 보는 것이 타당합니다. 따라서 리파이낸싱 대출은 보수적인 심사 기준 적용이 필수적입니다.

반면, 건물의 분양이 잘된 경우, PF 대출의 리스크가 줄어들어 저금리로 리파이낸싱 대출을 진행하기도 합니다. 앞의 브리지 대출 리파이낸싱과는 대조적입니다. 분양 성공 이후 리파이낸싱을 통해 대출 조건을 개선하는 것입니다.

LOI와 LOC

LOI는 '대출 의향서(Letter of Intent)'의 약자로, 금융기관이 해당 대출을 취급할 의향이 있음을 나타내는 문서입니다. 이에 비해 LOC는 '투자 확약서(Letter of Commitment)'로, 금융기관이 대출 참여를 확약하겠다는 내용의 문서입니다.

LOI(의향서)는 법적 구속력이 없는 반면, LOC(확약서)는 법적 구속력을 가지며 위반 시 손해배상 의무가 발생할 수 있습니다. 이러한 문서들은 대출의 안정성을 높이는 역할을 합니다. 특히 브리지 대출의 경우, 타 금융기관이 1년 후 대출을 확약하는 LOC를 제출하면 대출의 안정성이 크게 향상됩니다.

트리거

트리거(Trigger)란, PF 대출 계약에서 정한 조건이 미충족될 경우 의무적으로 취해야 하는 시정조치를 의미합니다. 예컨대, PF 대출의 핵심 조건인 분양률이 약정된 기간 내 목표치에 미달할 경우, 분양가 할인과 같은 시정조치가 발동됩니다.

트리거는 단계별로 설정되는데, 예를 들어 '6개월 내 분양률 10% 미달 시 분양가 10% 할인', '12개월 내 분양률 30% 미달 시 추가 할인' 등의 방식으로 작동합니다. 이러한 단계별 시정조치는 대출의 상환 가능성을 높이기 위한 안전장치입니다.

엑시트

엑시트(Exit)는 '출구'를 뜻하며, 금융권에서는 '대출금 상환'을 의미합니다. 엑시트 전략이란, 대출금을 어떻게 회수할 것인지에 대한 구체적인 계획을 말합니다. 대출 실행 후 계획된 상환이 이루어지지 않을 경우 부실화 위험이 발생하므로, 엑시트 전략의 실현 가능성을 면밀히 검토해야 합니다. 우스갯소리로, '대출 취급 전에는 금융기관이 갑이지만, 대출이 나가면 채무자가 갑'이라고 합니다. 그만큼 대출을 실행하기 전에 어떻게 상환할지에 대한 계획을 철저하게 세우는 게 중요합니다.

지금까지 PF 대출의 핵심 용어 여섯 가지와 그 실제 적용 사례를 살펴보았습니다. 시중의 PF 대출 관련 서적들은 대부분 전문가 시각에서 쓰여져, 실무 경험이 있는 저도 이해하기 어려웠습니다.

따라서 실무 경험이 없는 초임 여러분의 입장에서 최대한 쉽게 설명하고자 합니다. 앞으로도 PF 대출의 실무 지식을 단계적으로 설명해나가겠습니다. 잘 따라오시기 바랍니다.

PF 대출,
취급해도 될까요?

PF 대출은 미래의 건물을 짓기 위한 자금을 조달하는 대출입니다. 일반 담보 대출과 가장 큰 차이는 '지어질 건물을 담보로 대출을 받는다는 것'인데요. 저는 처음에는 이 개념이 이해하기 어려웠습니다. '어떻게 지어질 건물을 담보로 대출을 할 수 있지? 너무 위험한 것 아닌가?' 하는 의문이 들었습니다. 책도 읽어보고, 유튜브 영상도 봤지만, 정확히 이해하기 힘들었죠. PF 대출을 한번 취급해보니, 정확하게 이해할 수 있었습니다. 옛말에 '백문불여일견(百聞不如一見)'이라는 말이 있죠. 백번 듣는 것보다 한번 경험하는 것이 훨씬 낫습니다.

아무리 상세한 설명이라도 실제 대출 취급 경험만큼 효과적인 학습법은 없습니다. 이론이 실무 경험과 만날 때 비로소 살아 있는 지식이 되기 때문입니다.

이에 이 장에서는 PF 대출의 전체 과정을 설명해드리도록 하겠습니다.

PF 대출의 기본 과정

건물을 짓기 위해서는 먼저 토지가 필요합니다. 건물은 허공에 지을 수 없기 때문입니다. 또한 건설을 수행할 시공사와 자금을 제공할 금융기관이 필요합니다. 이외에도 프로젝트에는 다양한 이해 관계자들이 참여하게 되는데요.

이러한 프로젝트의 첫 단계로, 시행사는 건물 신축을 위해 우선 토지를 매입하며, 이 과정에서 브리지론을 활용합니다. 건축 인허가 취득 후에는 시공사와 도급계약을 체결하고, 건축자금은 PF 대출로 조달합니다. 금융기관은 준공 예정 건물을 담보로 대출을 실행하지만, 착공 시점에는 토지를 담보로 설정합니다.

또한 시공사에 책임준공 보증을 요구해 완공 리스크를 관리합니다. 건물이 준공되면 금융기관은 기존 토지 담보를 건물 담보로 전환하게 됩니다. 비로소 건물이 지어졌으니, 이제 건물을 담보로 설정할 수 있는 것이죠.

지금까지 PF 대출의 전체 과정을 개괄적으로 살펴보았습니다. 이제부터는 각 단계를 보다 상세히 알아보도록 하겠습니다.

PF 대출 과정

건축의 첫 단계는 토지 구입입니다. 이때 받는 대출이 브리지 대출입니다. 이는 단기 토지 대출입니다. 브리지 대출의 기간은 보통 1년 미만이며, PF 대출이 실행되기 전까지 단기적으로 사용하는 대출입니다. 토지 매입이 순차적으로 이루어지는 경우에는 브리지 대출 기간이 길어질 수도 있습니다.

브리지 대출은 리스크가 큽니다. 특히, 사업지의 확보율이 낮을수록 리스크가 큰데요. 그래서 토지 확보율이 최소 70~80% 이상 되어야 안전한 브리지 대출이라고 볼 수 있습니다.

건축 인허가

브리지 대출을 받아서 토지를 구입하면, 건축물에 대한 인허가를 받습니다. 건축물의 규모가 클수록 인허가의 기간이 길어지는데요. 이 시기에서 많이 간과하는 사실이 있습니다. 바로 인허가 절차는 생각보다 오래 걸릴 수 있다는 것이죠. 특히, 용적률 상향이나 대규모 개발은 인허가 자체가 불투명할 수도 있습니다. 인허가가 나면 되면 대박, 안 되면 쪽박인 사업도 많은데요. 이렇듯, 인허가 여부에 따라 사업성도 크게 변할 수 있습니다. 예를 들어, 현재 서울시는 청년임대주택 사업에 많은 인센티브를 주고 있는데요. 청년들이 저렴하게 거주할 수 있는 곳을 많이 공급하기 위함입니다. 하지만 인허가 받는 과정이 만만치는 않습니다.

인허가 과정이 예상보다 지연되면서 브리지 대출을 연장하거나, 리파이낸싱 대출로 전환하기도 합니다. 그래서 PF 대출에서 인허가 기간을 예측하고, 파악하는 것이 굉장히 중요합니다.

PF 대출

인허가가 완료되면 본격적으로 PF 대출을 받아 건축을 진행합니다. PF 대출 심사에서 가장 중요한 요소는 사업성 분석입니다. 사업성 분석은 해당 사업의 수지 분석이 기본인데요. 모든 사업이 그렇듯, 이 사업이 수익을 낼 수 있는 사업인지 파악하는 것입니다. 사업성이 없다면 PF 대출로 전환되지 않는데요. 수익이 나지 않는 사업에 투자할 사람이 없는 것과 같은 원리입니다.

시행사는 PF 대출을 받기 위해 수지 분석표를 과장하는 경우도 있는데요. 그래서 시행사에서 제공한 자료를 그대로 신뢰해서는 안 되며, 꼼꼼히 검토하는 것이 중요합니다. 예를 들어, 건축비는 적정한지, 분양가는 주변 시세에 비해 적정한지 등 매출과 비용에 대해 분석해보는 것이죠.

PF 대출 취급 후

PF 대출은 지어질 건물을 담보로 하므로, 건물이 제대로 지어지지 않으면 큰 문제가 발생합니다. 과거 저축은행 PF 사태에서 이러한 문제가 발생했으며, 많은 저축은행이 문을 닫았습니다. 이후 PF 대출의 안전성을 강화했고, 시행사 대신 신탁회사가 책임지고 건물을 짓습니다. 이를 책임준공 관리형 토지신탁 대출이라고 하며, 신탁회사가 건축물의 인허가 주체가 되어 책임지고 건물을 짓습니다.

그러나 이러한 방식이 신탁회사의 부실로 이어졌습니다. 고금리로 인한 부동산 시장 침체로 다수의 건설 현장이 중단되고 건설사들이 도산하면서, 신탁사들은 책임 이행을 위해 막대한 비용을 부담하게 되었습니다. 이에 신탁사들은 신규 사업을 중단하고 채권 관리에 역량을 집중하고 있습니다.

건축물 준공

건물이 준공되면 PF 대출을 상환해야 하며, 일반적으로 분양 대금으로 상환이 이루어집니다. 다만 분양 실적 부진 시에는 분양 대금만으로는 대출금 상환이 어려워, 준공 후 담보 대출로 전환해 PF 대출을 상환합니다.

준공 후 담보 대출을 일반 담보 대출과 동일선상에서 평가해서는 안 됩니다. 이는 미분양 담보대출이라고도 하며, 일반 담보 대출보다 리스크가 훨씬 높습니다. 미분양이 발생했다는 사실 자체가 해당 부동산의 시장 경쟁력이 부족하다는 것을 의미하기 때문입니다. 따라서 미분양 담보 대출 취급 시에는 특별한 주의가 필요합니다.

미분양 대출에 대해서는 뒤에서 자세하게 설명하도록 하겠습니다.

◆

지금까지 토지 구입부터 건축물 준공까지 PF 대출의 일련의 절차를 설명해드렸습니다. 핵심만 간단하게 요약해서 말씀드렸는데요. 다음 장에서는 PF 대출을 안전하게 취급할 수 있는 방법에 대해 알아보겠습니다.

PF 대출,
안전하게 취급하려면?

최근 부동산 경기 침체로 PF 대출의 부실화가 심화되고 있으며, 특히 브리지 대출의 부실이 두드러집니다. 이는 건축비와 금리 상승으로 사업 비용이 증가하는 반면, 분양가는 정체되어 있기 때문입니다. 그러나 PF 대출을 전면 중단하기보다는, 안전한 취급 방안을 모색해야 하는 시점입니다.

이에 이번 장에서는 PF 대출의 리스크 관리 방안을 살펴보도록 하겠습니다.

수지분석표를 철저히 검토하라

건물 시행사업도 일반 사업과 마찬가지로 이익을 얻는 것을 목표로 합니다. 그래서 예상수지 분석표를 보고 사업 수익과 비용을 철저하게 분석하는 것이 중요합니다. 채무자가 제출한 수지 분석표를 곧이곧대로 믿어서는 안 되는데요. 채무자는 대출을 받기 위해 이 사업의 수익성을 더 좋게 포장할 수 있기 때문입니다.

예를 들어, 경기도 평택 지역에 나홀로 아파트 한 개 동을 지으려고 합니다. 수지분석표에는 아파트 한 호수의 분양 가격(24평)이 7억 원입니다. 건축비는 평당 500만 원이고요. 수지분석표상으로는 이익이 많이 나는 사업처럼 보입니다. 하지만 실제로는 그렇지 않습니다.

먼저, 분양 가격이 주변 시세보다 높습니다. 현재 평택 지역의 24평 아파트 시세는 5~6억 원인데, 7억 원에 분양한다면 분양이 잘 안 될 것입니다. 사업지 주변 1km 이내에서 최근 1년 동안 분양된 유사한 아파트를 찾아보고, 현재 시세를 파악해야 합니다. 만약 인근에 분양된 사례가 없을 경우, 지역을 조금 넓히거나, 구축아파트와 비교하는 것도 좋은 방법입니다. 제 경험상 무리한 분양가를 측정해서 사업을 시작한 경우, 나중에 분양이 되지 않아서 어려움을 겪습니다. 분양이 안 되면 PF 부실 대출로 이어집니다. 그래서 분양가가 적정한지 파악하는 것이 중요한 것입니다.

또한, 건축비도 적정한지 검토해야 합니다. 최근 물가 상승으로 인해 아파트의 건축비는 평당 최소 700만 원 이상입니다. 시행사업에서 건축비가 비용을 많이 차지하니, 건축비를 저렴하게 측정해서 사업성이 높은 것처럼 포장하는데요. 굉장히 위험한 징후입니다. 실제로 건설사에서 저렴한 가격에 계약하고, 나중에 가격을 올려달라고 하는 경우가 비일비재합니다. 결국, 시행사와 시공사 간의 갈등으로 공사가 멈추기도 합니다. 그래서 처음부터 적정한 가격의 건축비인지 파악해야 하는 것이죠.

시행사의 이력을 검토하라

건축은 사업입니다. 동일한 현장이라고 하더라도 누가 하냐에 따라 성공 여부가 달라집니다. 그래서 채무자의 사업 이력이 중요합니다. 예를 들어, 같은 곳에서 같은 업종의 음식점을 운영해도, 경영자의 노하우에 따라 잘되는 곳과 망하는 곳이 있습니다. 건축도 마찬가지입니다. 시행사의 경험과 대표자의 이력이 중요합니다.

만약 채무자가 이번 시행사업이 처음이라면, 리스크가 크다고 볼 수 있습니다. 반면, 채무자가 과거에 시행사업을 성공적으로 마쳤다면, 리스크가 줄어들겠죠. 또한, 과거에 파산하거나, 망한 시행 이력이 있다면 그것도 주의해야 할 것입니다. 저는 대출을 검토할 때, 시행사 대표와 인터뷰를 꼭 하는데요. 직접 만나서 대화해보면, 사업에 대한 열정, 지식, 계획 등을 파악할 수 있습니다. 간혹 시행사 대표가 사업에 대해 제대로 모르는 경우도 있습니다. 이런 경우 바지사장이라고 하죠? 실제 대표자는 따로 있고, 명의만 대표로 세우는 거죠. 물론, 이 경우 대출은 거절합니다.

부동산의 입지와 상품을 분석하라

부동산 담보 대출에서 가장 중요한 요소는 입지와 상품입니다. 이는 PF 대출에서도 동일하게 적용됩니다. 입지와 상품이 좋을수록 부실의 위험은 낮아집니다. 예를 들어, 서울 중심부와 지방 소도시 중 어디에 건물을 짓는 것이 더 안전할까요? 또한, 아파트와 상가 중 어느 것이 더 리스크가 낮을까요?

당연히 지방 소도시보다는 서울이, 상가보다는 아파트가 상대적으로 더 안전한 선택일 것입니다. 지역과 상품의 선호도를 파악하고 있으면 PF 대출을 취급할 때 리스크를 줄일 수 있습니다. 따라서 PF 대출 심사 시 입지와 상품의 선호도를 면밀히 분석하는 것이 중요합니다.

◆

지금까지 PF 대출을 안전하게 취급할 수 있는 방법 세 가지를 말씀드렸습니다. 한번 정리해볼까요? 첫째, 수지 분석표를 철저히 검토합니다. 둘째, 시행사의 이력을 검토합니다. 셋째, 부동산의 입지와 상품을 분석합니다. 물론, 이 세 가지를 충족하면 PF 대출을 모두 취급해도 된다는 것은 아닙니다. 다만, 이 세 가지를 충족하지 못하면, PF 대출을 취급하지 않는 것이 좋습니다.

기성고 대출,
취급해도 될까요?

PF 대출은 취급 방법에 따라 기성고 대출과 관리형 토지신탁 대출로 나눕니다. 보통 규모가 큰 경우에는 관리형 토지신탁 대출, 규모가 작은 경우에는 기성고 대출이라고 부르는데요. 이번 장에서는 규모가 작은 기성고 대출에 대해서 정확히 알아보도록 하겠습니다.

기성고 대출이란?

기성고란, 공사의 진척도에 따른 공정을 산출해 시공된 부분만큼의 소요 자금을 나타내는 것을 말합니다. 즉, 기성고 대출은 전체 공사 대비 시공된 부분만큼 대출을 취급하는 것입니다. 쉽게 말해, 공사를 진행한 만큼 대출금을 지급하는 것입니다. 기성고 대출을 취급할 때 가장 주의해야 할 것은 공사의 진행 정도(기성고율)를 정확히 파악하는 것입니다. 규모가 큰 공사는 CM(Construction Management) 업체가 따로 있어 공정률을 체계적으로 관리할 수 있으나, 소규모 프로젝트는 이러한 관리가 미흡한 것이 현실입니다. 따라서 프로젝트 규모와 관계없이 CM 계약을 체결해 공정률을 전문적으로 관리하는 것이 리스크 관리 측면에서 바람직합니다.

최근 CM(건설관리) 업체들은 공정률 관리뿐만 아니라, 하도급사에 공사비가 제대로 지급되었는지도 확인하고 있습니다. 이는 공사비 미지급으로 인해 발생할 수 있는 현장 문제를 사전에 방지하는 데 중요한 역할을 합니다. 이렇게 철저한 관리가 필요한 이유는 대출금 유용 사고가 빈번히 발생하기 때문입니다.

예를 들어, 은행에서 시공사에 대출금을 지급했음에도 불구하고, 시공사가 하도급사에 공사비를 전달하지 않고 잠적하는 사례가 종종 보고되고 있습니다. 더불어, 기성률을 허위로 부풀려 대출금을 과도하게 신청하는 경우도 발생합니다. 이러한 사고를 예방하려면 현장에서의 철저한 관리와 검증이 필수입니다.

기성고 대출 취급 방법

대출 한도 설정

기성고 대출의 총 대출 한도는 일반적으로 토지비의 80%, 공사비의

70% 수준으로 설정됩니다. 금융기관마다 약간의 차이는 있을 수 있지만, 대체로 이러한 비율을 기준으로 대출이 이루어집니다. 예를 들어, 토지비가 10억 원이고 공사비가 10억 원인 경우, 토지비의 80%인 8억 원과 공사비의 70%인 7억 원을 합산해 총 15억 원의 대출이 가능하게 됩니다. 다만, 이 대출 금액은 한 번에 일시에 지급되지 않는 점에 유의해야 합니다.

토지비의 80%는 대출 승인 후 한 번에 지급되지만, 공사비는 공정률에 따라 단계적으로 나눠 지급됩니다. 이는 기성고 대출의 기본적인 구조로, 대출금의 효율적 사용과 안전성을 확보하기 위한 방식입니다.

공사비 대출 지급 시기 설정

공정률에 따라 공사비가 지급된다면, 대출금을 정확히 어느 시점에 지급해야 할까요? 사실, 이를 위한 정해진 기준은 없습니다. 예를 들어, 공정률 20%, 40%, 60%, 80%, 100%로 나누어 5회에 걸쳐 지급할 수도 있고, 공정률 30%, 50%, 80%, 100%로 나누어 4회에 걸쳐 지급할 수도 있습니다. 중요한 점은 대출 약정을 체결할 때 미리 지급 시기를 협의하고 명확히 정하는 것입니다.

사전에 지급 시기를 명확히 정하지 않으면, 이후 채무자와의 분쟁이 발생할 가능성이 큽니다. 기성고 대출은 대출이 실행된 순간부터 금융기관이 리스크를 부담하는 을(乙)의 위치에 놓이게 됩니다. 이는 공사가 중단되는 등의 리스크가 발생할 경우, 대출금에 손실이 생길 수 있기 때문입니다. 이러한 점을 잘 알고 있는 시행사는 공사비 상승을 이유로 추가 대출금을 요구하거나, 대출금을 미리 지급해달라는 무리한 요청을 할 수도 있습니다.

기성고 대출은 구조가 복잡한 대출로, 은행원이 건축 전문가가 아니라면 심사 과정에서 어려움을 겪을 수 있습니다. 이러한 이유로, 대출 심사와 실행 과정에서는 더욱 신중한 접근이 필요합니다.

◆

이번 장에서는 기성고 대출의 개념과 취급 방법에 대해 설명해드렸습니다. 다음 장에서는 기성고 대출을 더욱 안전하게 관리하고 취급할 수 있는 방법에 대해 알아보겠습니다.

기성고 대출,
안전하게 취급하려면?

기성고 대출은 부실 발생 시 회수가 어려운 특성을 가지고 있어, 리스크 관리가 특히 중요합니다. 이번 장에서는 기성고 대출의 리스크 관리 방안과 안전한 취급 기준을 살펴보고자 합니다. 다만 여기서 제시하는 방안들은 참고 사항이며, 지의 주관적인 생각입니다. 여러분께서는 이를 토대로 각자의 상황에 맞는 심사 기준을 수립하시기 바랍니다.

실사용이 분양보다 안전하다

기성고 대출은 주로 소규모 공사의 대출금 지급 방식으로 사용됩니다. 소규모 공사도 다시 두 가지로 나눌 수 있는데, 첫째는, 분양을 목적으로 한 다세대주택과 같은 건축이고, 둘째는, 건축주가 실사용하거나 임대를 목적으로 짓는 다가구주택이나 상가주택입니다.

분양을 목적으로 한 건축은 분양이 원활하지 않을 경우, 그로 인한 리스크를 시행사가 전적으로 부담해야 합니다. 반면, 실사용 목적의 건축은 대부분 무리한 대출 없이 자기자본을 많이 투입하는 경향이 있어 상대적으로 안전합니다. 또한, 실사용 목적의 건축물은 본인이 직접 사용하기 때문에 미분양으로 분류되지 않으며, 준공 후 담보 대출로 전환하기도 비교적 용이합니다.

CM 회사를 통해 공정률을 관리하라

앞서 CM(Construction Management) 회사에 대해 잠깐 언급했는데요, CM은 건설 관리 업체로서, 공사의 진행 상황을 점검하고 체계적으로 관리하는 역할을 합니다. 소규모 공사에서는 CM 회사를 따로 두지 않는 경우가 많지만, 일부 수수료가 발생하더라도 CM 회사를 통해 공정률을 관리하는 것이 바람직합니다.

시공사는 건설 분야의 전문가로서, 은행원이 직접 대응하기 어려운 부분이 많습니다. 이때, CM 회사가 중간에서 시공사를 관리하고 협의하는 역할을 맡게 되면, 공사의 질과 진행 상황을 보다 효과적으로 통제할 수 있습니다.

시공사가 겹치지 않도록 하라

시행사업은 보통 별도의 법인을 설립해 운영합니다. 이때 하나의 시공사가 여러 시행사의 공사를 맡고, 이들 사업에 대해 동일한 금융기관에서 대출을 받는 경우가 있습니다. 만약 시공사가 부도가 나면, 연관된 모든 사업장의 위험이 고스란히 금융기관의 부담이 됩니다. 또한, 이 경우에는 동일인 한도 규정을 위반할 가능성도 있어 더욱 신중한 검토가 필요합니다.

시공사는 건축을 실질적으로 담당하는 주체이기 때문에, 시공사의 부도는 공사 중단으로 이어지고 금융기관의 대출 회수에도 심각한 영향을 미칩니다. 따라서 시공사가 중복되지 않도록 관리해 리스크를 분산시키는 것이 매우 중요합니다.

나머지 사업비가 마련되어 있는지 확인하라

기성고 대출은 사업비 전체를 대출해주는 것이 아니라, 토지비와 공사비의 70~80% 정도만 대출이 가능합니다. 그렇다면 나머지 20%의 사업비는 어떻게 마련해야 할까요? 이 부분은 시행사가 직접 마련해야 합니다.

그러나 실제로는 많은 시행사가 사업 초기에 충분한 자금을 마련하지 않고, 시공사에 외상으로 공사를 진행하게 한 후, 준공 후 담보 대출을 통해 공사비를 지급하는 경우가 많습니다. 이러한 방식은 시행사가 자본을 거의 투입하지 않고 사업을 진행하게 만들어 부실의 위험을 크게 증가시킵니다. 특히, 분양이 원활하지 않거나 준공 후 담보 대출을 받지 못할 경우, 시공사에 공사비를 지급하지 못하게 되어 공사 현장에서 유치권 분쟁이 발생할 가능성이 커집니다.

일부 은행에서는 시행사의 자기자본비율 20% 사전 확보를 기성고 대출의 필수 요건으로 설정하고 있습니다. 이는 타당한 기준으로, 자기자본 투입 비율이 높을수록 사업의 안정성이 제고되고 부실화 위험이 감소하기 때문입니다. 따라서 기성고 대출 심사 시에는 자기자본비율 20% 이상 충족 여부를 필수적으로 검증해야 합니다.

◆

이번 장에서는 기성고 대출의 리스크 관리를 위한 네 가지 핵심 기준을 살펴보았습니다.

첫째, 분양 목적보다 실수요 목적 대출이 안전할 수 있다.

둘째, CM사를 통한 체계적인 공정률 관리를 하는 것이 좋다.

셋째, 시공사의 중복 수주를 제한해야 한다.

넷째, 대출금 외 사업비의 사전에 확보해야 한다.

이러한 기준들을 준수함으로써 기성고 대출의 리스크를 효과적으

로 관리할 수 있습니다. 다만, 앞에서 말씀드린 것처럼 제 의견을 참고

하되, 여러분만의 심사 기준을 만드시길 바랍니다.

관리형 토지신탁,
어떤 장점이 있나요?

앞서 규모가 작은 건축자금 대출은 주로 기성고 대출로 취급된다고 말씀드렸습니다. 반면, 규모가 큰 건축자금 대출은 관리형 토지신탁 대출로 처리되는 경우가 많습니다. 이번 장에서는 관리형 토지신탁 대출 상품이 제공하는 주요 장점에 대해 설명해드리겠습니다.

투명한 자금 관리

관리형 토지신탁 대출의 가장 큰 장점 중 하나는 신탁사가 자금을 관리함으로써 자금 집행이 투명하게 이루어진다는 점입니다. 일반적으로 규모가 작은 기성고 대출의 경우, 시행사가 자금을 직접 관리합니다. 이론적으로는 대출금을 해당 사업장에만 사용해야 하지만, 실제로는 다른 용도로 전용되는 사례도 발생할 수 있습니다. 반면, 관리형 토지신탁 대출에서는 신탁사가 자금 관리를 전담하기 때문에 자금의 흐름이 명확하고 투명하게 관리됩니다.

분양의 용이성

관리형 토지신탁 대출에서는 신탁사가 사업을 주관하며, 분양노 신탁사 명의로 이루어집니다. 이는 신탁사가 자금을 투명하게 관리하기 때문에 수분양자가 분양 계약을 체결할 때 신뢰를 더할 수 있다는 장점이 있습니다. 반면, 일반 기성고 대출의 경우, 선분양이 원칙적으로 허용되지 않지만, 실제로는 시행사와 수분양자 간 매매 계약을 체결하는 방식으로 분양이 이루어지는 사례가 종종 있습니다.

문제는 이러한 매매 계약이 신탁사와 체결하는 분양 계약에 비해 법적 안전성이 떨어진다는 점입니다. 그러나 관리형 토지신탁 대출의 경우, 건축 도중 문제가 발생하더라도 수분양자의 분양 대금이 PF 대출금이나 공사비보다 우선으로 보호됩니다. 게다가, 일부 경우에는 수분양자의 중도금에 대해 HUG(주택도시보증공사)에서 보증서를 발급해 더욱 안전한 구조를 제공합니다.

반면, 시행사와 직접 매매 계약을 체결하고 돈을 지급한 경우, 공사가 중단되면 돈을 돌려받지 못할 가능성이 큽니다. 이는 시행사와의 계약이 단순한 양자 간의 채권 관계에 불과하기 때문입니다.

도산 격리 효과

관리형 토지신탁 대출의 또 다른 장점은 시행사의 고유 재산과 신탁 재산이 분리되어 제3자의 권리침해를 방지할 수 있다는 점입니다. 일반적으로 시행사는 여러 개의 건축사업을 동시에 진행하는데, 한 사업장에서 문제가 발생하면 다른 사업장에도 영향을 미칠 위험이 있습니다. 그러나 신탁 구조에서는 이러한 영향을 최소화할 수 있습니다.

예를 들어, 한 사업장에서 부도가 발생하면 채권자들이 해당 시행사의 다른 현장에도 가압류 등의 법적 조치를 취할 가능성이 있습니다. 이러한 상황은 다른 사업장에까지 영향을 미치며, 문제를 더욱 심각하게 만들 수 있습니다.

그러나 관리형 토지신탁 대출에서는 자산이 신탁재산으로 관리되기 때문에 가압류와 같은 법적 조치를 취할 수 없습니다. 이를 전문 용어로 '도산 격리 효과'라고 합니다. 신탁재산은 시행사의 부채와 무관하게 보호되므로, 다른 사업장의 부실로 인한 위험으로부터 안전하게 지켜질 수 있습니다.

비용 문제와 적용 한계

이처럼 관리형 토지신탁 대출에는 여러 장점이 있지만, 모든 건축사업에 적용되지는 않습니다. 특히 규모가 작은 사업에서는 비용 문제가 걸림돌이 될 수 있습니다. 신탁사는 사업 전반에 대한 책임을 지는 만큼 신탁사 수수료가 비교적 높게 책정됩니다. 규모가 큰 사업에서는 이러한 수수료를 감당할 여력이 있지만, 규모가 작은 사업에서는 비용 부담이 과도해 관리형 토지신탁 대출을 적용하기 어려운 경우가 많습니다.

◆

이번 장에서는 관리형 토지신탁 대출의 장점에 대해 살펴보았습니다. 요약하자면, 관리형 토지신탁 대출은 투명한 자금 관리, 분양의 용이성, 도산 격리 효과 등 여러 가지 장점을 제공합니다. 그러나 비용 부담으로 인해 모든 건축사업에 적용하기는 어려운 점도 있습니다. 따라서 이러한 장단점을 종합적으로 고려해 사업에 적합한 대출 방식을 신중히 선택하는 것이 중요합니다.

미분양 담보 대출,
취급해도 될까요?

제가 대출 업무를 처음 시작했을 때, '통 대출'이라고 불리는 대출을 주로 취급했습니다. '통 대출'이란 아파트, 오피스텔, 다세대주택, 혹은 상가 등 건물이 완공된 후에 이루어지는 대출을 말합니다.

당시에는 이 대출이 '미분양 담보 대출'이라는 사실을 알지 못했고, 단순히 일반 담보 대출의 한 종류라고만 생각했습니다. 그러나 직감적으로 이 대출이 상당히 리스크가 큰 대출이라는 점은 느낄 수 있었습니다.

이번 장에서는 미분양 담보 대출을 취급해도 되는지에 대해 살펴보겠습니다. '미분양 담보 대출'이라는 이름만 들어도 이미 부정적인 인상을 주지 않나요? 맞습니다. 미분양 부동산이라는 것은 말 그대로 분양

되지 않은 부동산을 의미합니다. 그러나 모든 건축물이 분양 대상이 되지는 않습니다. 소규모 다세대주택이나 주거용 오피스텔의 경우, 선분양이 적용되지 않는 경우가 많습니다. 이에 금융기관들은 이러한 건축물에 대한 준공 후 대출을 신중하게 검토하며, 이들을 미분양 부동산으로 분류해 보수적으로 관리합니다.

미분양 담보 대출의 위험성

2018년, 저는 지방 소도시에서 40세대 규모의 미분양 담보 대출을 취급한 적이 있습니다. 당시 감정가의 70% 수준으로 대출을 실행했고, 주변 부동산 시세도 적정해 큰 문제가 없을 것이라 생각했습니다. 그러나 갑작스러운 부동산 규제로 인해 지방 부동산 시장이 침체되었고, 이 대출은 지금까지도 해결되지 않은 골칫덩어리로 남아 있습니다.

이 사례를 말씀드리는 이유는 미분양 담보 대출이 그만큼 높은 위험성을 가진 대출임을 강조하기 위해서입니다. 미분양 부동산이 어떻게 발생하는지 그 과정을 살펴보면, 제가 왜 이런 말씀을 드리는지 이해하실 수 있을 것입니다.

토지 매입부터 미분양까지

건물을 짓기 위해서는 먼저 토지를 매입해야 합니다. 이후 건축자금 대출을 통해 건물을 짓게 되며, 이 건물이 분양되지 않을 경우, 미분양 담보로 분류됩니다. 일반적으로 부동산은 토지 상태일 때 잠재 가치가 가장 크며, 아파트나 오피스텔 같은 집합건물로 개발되는 과정에서 잠재 가치는 점차 감소하는 경향이 있습니다.

이를 커피로 비유해서 설명해보겠습니다. 원두를 재배할 때 커피의 잠재 가치는 가장 높습니다. 그러나 원두를 로스팅(1차 가공)하면 잠재 가치는 줄어들지만, 가격은 상승합니다. 이후 우리가 마시는 액상 커피로 제조되면 잠재 가치는 가장 낮아지고, 가격은 가장 비싸집니다. 이처럼 잠재 가치와 가격은 반비례 관계에 있습니다. 가격이 낮다는 것은 해당 물건에 잠재 가치가 많다는 것을 의미합니다. 커피로 비유하니 더 이해가 쉬우시죠?

건축물을 짓는 과정에서 발생하는 대출은 세 가지로 나눌 수 있습니다. 토지담보 대출, 건축자금 대출, 그리고 미분양 담보 대출입니다. 이 대출들은 순서대로 진행되며, 그에 따라 가격은 상승하지만, 잠재 가치는 점차 줄어듭니다. 미분양 담보 대출의 취급은 결국 시장에서 외면받은 부동산의 리스크를 금융기관이 부담하게 됨을 의미합니다. 이는 미분양 담보 대출이 가진 본질적인 위험성을 보여주는 핵심적인 특성입니다.

미분양 담보 대출을 취급해야 할 때

미분양 담보 대출은 위험하니 아예 취급하지 말아야 할까요? 기본적으로는 자제하는 것이 맞지만, 예외적으로 취급이 가능한 경우도 있습니다.

첫째, LTV(담보인정비율)가 낮을 때입니다.

현재 대출 규정상 미분양 담보 대출은 원칙적으로 취급이 불가능하지만, 예외적으로 분양률이 70% 이상인 부동산에 한해 LTV 50% 이내로 대출을 취급할 수 있습니다(금융사마다 다를 수 있습니다). LTV 50%는 매우 낮은 비율로, 부동산의 감정가 대비 절반만 대출이 실행되기 때문에 부실이 발생하더라도 강제 처분을 통해 대출금을 회수할 가능성이 커집니다.

둘째, 실수요가 딘탄한 부동산일 때입니다.

아파트나 주거용 오피스텔은 실수요가 높은 편입니다. 이는 상가나 지식산업센터처럼 투자 수요가 중심인 부동산과는 차이가 있습니다. 실수요가 탄탄한 부동산은 가격이 급격히 하락할 가능성이 작고, 시세보다 저렴하다는 소문이 돌면 매수하려는 수요가 즉시 형성됩니다.

셋째, 수요자가 많은 지역의 부동산일 때입니다.

서울, 수도권, 지방 광역시처럼 인구가 많은 지역의 부동산은 다른 지역보다 수요가 풍부합니다. 미분양 부동산은 수요자의 선택을 받아

분양이 이루어져야 대출금 상환이 가능하기 때문에, 수요가 많은 지역에 위치한 부동산이라는 점은 중요한 요소로 작용합니다.

얼마 전, 서울의 역세권 인근에서 미분양 담보 대출을 취급한 적이 있습니다. 해당 건물은 근린생활시설과 오피스텔이 혼합된 구조였으며, 분양률이 90%를 초과한 상태였습니다. 저는 일부 미분양 세대에 대해 LTV 50% 수준으로 담보 대출을 실행했습니다.

이 대출은 앞서 언급한 세 가지 조건을 모두 충족했습니다. 첫째, LTV가 50% 이내로 설정되었습니다. 둘째, 주거용 오피스텔로 실수 요가 탄탄했습니다. 셋째, 서울 역세권 지역이라는 입지적 우수성을 갖추고 있었습니다. 미분양 담보 대출은 본래 위험성이 높은 상품이지만, 이 세 가지 조건을 충족하면 그 위험을 크게 줄일 수 있습니다.

미분양 담보 대출,
안전하게 취급하려면?

앞서 미분양 담보 대출을 취급할 수 있는 세 가지 경우에 대해 설명 드렸습니다. 다시 한번 복습해볼까요? 첫째, LTV(담보인정비율)가 낮을 때, 둘째, 실수요자가 탄탄한 부동산일 때, 셋째, 수요자가 많은 지역의 부동산일 때입니다.

이 세 가지 조건을 모두 충족하면 가장 이상적이겠지만, 꼭 모두 충족하지 않더라도 대출을 취급할 수는 있습니다. 그렇지만 여전히 미분양 담보 대출을 취급하는 데 불안함이 남으시죠? 이번 장에서는 미분양 담보 대출을 비교적 안전하게 취급할 수 있는 방법에 대해 알아보겠습니다.

대출 기간 동안 발생하는 이자를 확보하는 방법

대출 기간은 보통 1년이나 1년 6개월로 정합니다. 미분양 담보 대출의 특징은, 건물이 팔리기 전까지는 돈이 들어오지 않는다는 점입니다. 일반적인 수익용 건물은 임대료라도 받을 수 있지만, 미분양 물건은 대부분 임대료 수입도 없습니다. 물론 가끔 세입자가 있는 경우도 있지만, 이는 매우 드문 일입니다.

결론적으로, 미분양 담보 대출을 취급할 때는 대출 기간을 짧게 설정하고(예 : 1년), 그 기간 동안 발생할 이자를 미리 확보해두는 것이 중요합니다. 이렇게 하면 최소한 대출 기간 동안 이자 연체의 위험을 줄일 수 있습니다. 다만, 주의할 점은 '선이자를 유보'하는 방식이 채무자에게 불리하게 작용할 수 있다는 점입니다.

미래의 이자를 선납하게 하는 것은 구속성 요구로 판단될 수 있어 유의해야 합니다. 이에 일부 금융기관은 대출 실행 이후 매월 이자 상당액을 출금해 대출 이자를 상환하는 방식을 사용하고 있습니다.

분양률에 대한 트리거 약정을 체결하는 방법

미분양 담보 대출은 분양이 이루어져야 대출금이 상환되는 구조를 가지고 있습니다. 만약 분양이 이루어지지 않을 경우, 대출 만기 시에도 대출금이 그대로 남게 됩니다. 이때 채무자가 이자를 납입할 능력이 부족하거나 추가 대출을 받지 못하면 부실 위험이 크게 증가합니다.

이러한 위험을 줄이기 위해 대출 약정 시 분양률 트리거 약정을 체결할 수 있습니다. 분양률 트리거란, 일정 시점까지 약정된 분양률에 도달하지 못할 경우, 분양가를 낮춰 분양을 촉진하는 방법을 의미합니다. 이는 주로 PF 대출에서 사용되지만, 미분양 담보 대출에도 적용할 수 있습니다. 별도의 법률 약정을 통해 정해진 기간 동안 목표 분양률에 도달하지 못하면 분양가를 조정하도록 규정하는 방식입니다.

분양 시 대출 금액보다 초과된 금액을 상환하는 방법

미분양 담보 대출을 취급할 때는 분양이 이루어질 때마다 상환 금액을 정하게 됩니다. 대부분의 경우 부동산 호수별로 대출 금액만큼만 상환하지만, 더 큰 금액을 상환하도록 약정하는 방식도 있습니다. 예를 들어, 대출 금액의 120%를 상환하도록 하는 것입니다. 이를 구체적으로 보면, 1억 5,000만 원의 대출금에 대해 120%, 즉 1억 8,000만 원을 상환하도록 약정하는 방식입니다.

이처럼 대출 금액보다 초과 금액을 상환하게 하면 대출 잔여 금액에 대한 담보비율(LTV)이 감소하는 효과가 있습니다. 예를 들어, 초기에는 LTV 50%로 대출이 취급되었더라도, 분양을 통해 대출금을 점진적으로 상환하면 LTV는 점점 줄어들게 됩니다. 이를 통해 대출 만기 시 모든 호수가 분양되지 않더라도 LTV 비율이 낮아져, 다른 금융기관에서 재대출을 받을 때 더 유리한 조건을 얻을 수 있습니다.

서울 역세권 미분양 담보 대출 사례

앞서 언급했던 서울 역세권 인근 미분양 담보 대출 사례를 기억하시나요? 이번에는 이 사례에서 제가 앞에서 말씀드린 세 가지 방법을 어떻게 활용했는지 자세히 설명해드리겠습니다.

첫째, 대출 기간은 짧게 설정하고, 대출 기간 동안의 이자를 확보했습니다. 당초 대출 기간을 1년으로 설정하려고 했으나, 채무자가 여유롭게 분양을 진행하고 싶다는 요청에 따라 2년으로 연장했습니다. 대신, 2년 치 이자를 한꺼번에 확보하는 것이 아닌 1년 치 이자만 미리 확보하고, 이후에는 3개월 단위로 이자를 유보하는 방식을 선택했습니다. 이는 채무자의 상황을 고려한 조치였습니다.

둘째, 분양률에 대한 트리거 약정을 체결했습니다. 구체적으로, 6개월 이내에 분양률 10%를 달성하지 못할 경우 분양가를 10% 할인하고, 1년 이내에 분양률 20%를 달성하지 못할 경우 분양가를 20% 할인하도록 법률 약정을 체결했습니다. 이는 미분양 위험을 줄이기 위한 중요한 조치였습니다.

셋째, 분양 시 대출 금액의 150%를 상환하도록 약정했습니다. 이는 감정평가금액의 50%만 대출로 취급했기 때문에 가능했던 조치입니다. 일반적으로 대출금 상환 비율은 110%에서 120% 수준으로 설정되는 경우가 많습니다. 그러나 상환 비율을 지나치게 높게 설정하면 채무자에게 과도한 부담을 줄 수 있으므로, 적절한 수준을 유지하는 것이 중요합니다.

◆

미분양 담보 대출은 대출 기간 동안 임대수익이 발생하지 않기 때문에 분양이 되지 않으면 부실 위험이 큽니다. 이러한 리스크를 줄이고 비교적 안전하게 대출을 취급하기 위해 세 가지 방법을 설명해드렸습니다.

첫째, 대출 기간을 짧게 설정하고 이자를 미리 확보하는 것
둘째, 분양률에 대한 트리거 약정을 체결하는 것.
셋째, 대출 금액보다 더 많은 금액을 상환해 담보비율(LTV)을 낮추는 것입니다.

이 세 가지 방법을 잘 활용하신다면, 미분양 담보 대출을 보다 안전하게 관리할 수 있을 것입니다.

부동산 PF 대출,
각 단계마다 어떤 위험이 있나요?

지금까지 부동산 PF 대출의 전체 구조를 살펴보았습니다. 우리는 브리지 대출, PF 대출, 미분양 담보대출 등 여러 유형의 PF 관련 대출을 검토했는데, 여기서 주목할 점은 이 대출들이 서로 독립적으로 존재하는 것이 아니라는 것입니다.

대출들은 모두 PF라는 하나의 금융 구조 안에서 유기적으로 연결되어 있습니다. 이번 장에서는 단계별 리스크 요인을 구체적으로 분석해 보도록 하겠습니다.

사업 초기 단계의 위험 요소

사업 초기 단계에서 가장 중요한 것은 토지 확보 여부입니다. 토지가 100% 확보되지 않으면 사업을 진행할 수 없기 때문입니다. 실제로 많은 사업장에서 전체 토지를 확보하지 못해 중간에 사업을 포기하는 사례가 자주 발생합니다.

또한, 임차인의 명도 문제도 사업 초기 단계에서 중요한 이슈입니다. 대부분의 개발지는 정부 주도의 택지개발지구를 제외하면, 기존 건물이 있는 토지를 매입해 개발을 시작합니다. 이 과정에서 기존 건물에 임차인이 거주하거나 사업을 운영하고 있다면, 명도 절차를 반드시 염두에 두어야 합니다. 건물이 공실 상태가 되어야 개발이 가능하기 때문입니다. 특히, 상가임대차보호법에 따라 상가 임차인은 최대 10년까지 계약을 갱신할 권리가 있습니다. 개발을 위해 건물을 매입했더라도 임차인이 계약갱신권을 행사하면 예상치 못한 큰 비용이 발생할 수 있습니다. 따라서 이러한 문제를 사전에 철저히 확인하고 대비하는 것이 매우 중요합니다.

사업 중기 단계의 위험 요소

사업 중기 단계는 PF 대출 이후 실제 공사가 진행되는 단계입니다. 이 단계에서 가장 중요한 것은 '건물이 계획대로 준공되는지'와 '분양이 원활하게 이루어지는지'의 여부입니다.

PF 대출이 실행되면, 시공사가 그 자금을 이용해 공사를 진행합니다. 이 과정에서 초보자들이 가장 혼동하는 부분 중 하나는 시행사와 시공사의 차이입니다. 간단히 말해, 시행사는 건축사업의 주체이고, 시공사는 실제 건축공사를 담당하는 회사입니다.

예를 들어, 삼성물산이 시공한 래미안 아파트의 경우, 시행사는 삼성물산이 아닐 수도 있습니다. 재개발·재건축사업이라면 조합이 주체가 되고, 일반 시행사업이라면 별도의 시행사가 존재합니다.

대부분의 개발사업에서는 시행사가 SPC(특수목적법인)를 설립하기 때문에, 시행사의 재무 능력을 평가하기 어려운 경우가 많습니다. 이로 인해 시공사의 규모와 신용도가 중요한 판단 기준이 됩니다. 시공사의 규모가 작거나 신용도가 낮으면 공사 중간에 부도가 날 위험이 있기 때문입니다. 이러한 위험을 방지하기 위해 규모가 크고 신용도가 높은 시공사를 선호하는 경향이 있습니다.

경우에 따라 시공사의 규모가 작거나 신용도가 낮을 경우, 신탁사가 추가로 책임준공을 맡는 방식이 활용되기도 합니다. 이를 책임준공 확약 관리형 토지신탁이라고 합니다. 이 구조에서는 신탁사가 단순히 사업의 주체가 되어 건축사업을 이끌어가는 것을 넘어, 시공사나 시행사에 문제가 발생하더라도 신탁사가 공사를 끝까지 책임지고 완공하는 역할을 수행합니다.

예를 들어, 시공사가 중간에 부도가 나더라도 신탁사는 새로운 시공사와 계약을 체결해 공사를 계속 진행할 수 있습니다. 이는 금융사가 신탁사에 책임을 전가함으로써 대출 리스크를 줄이는 데 중요한 역할을 합니다.

분양 위험

건축사업의 최종 목적은 이익 창출입니다. 이를 달성하기 위해서는 건물을 완공하고 분양을 통해 판매해야 합니다. 그렇기 때문에 분양은 PF 대출의 핵심이라고 할 수 있습니다. 만약 건물을 지었는데 분양이 이루어지지 않는다면, 그 건물은 사업자와 금융사 모두에게 골칫덩어리가 될 것입니다.

분양 성공 여부를 판단하기 위해서는 다양한 요소를 종합적으로 고려해야 합니다. 예를 들어, 물건의 유형, 해당 지역의 분양 시장 동향, 미분양 물량 추이, 부동산 정책, 시장 금리 등이 주요 판단 기준이 됩니다. 이러한 요소들을 면밀히 분석해야 분양 성공 가능성을 더욱 정확하게 예측할 수 있습니다.

초보자들에게는 이러한 복잡한 요소들을 모두 고려하는 것이 쉽지 않을 수 있습니다. 이럴 때 간단히 판단할 수 있는 방법은 분양 가격을 확인하는 것입니다. 주변 시세와 비교해 분양 가격이 적정한지, 혹은 비싼지 살펴보는 것이 핵심입니다.

예를 들어, 주변 시세가 5억 원인 오피스텔을 6억 원에 분양한다면 분양이 어려울 가능성이 큽니다. 분양가는 최소한 시세와 비슷하거나 조금 저렴해야 가격 경쟁력이 생기고, 이를 통해 분양이 원활하게 진행될 가능성이 커집니다.

사업 후기 단계의 위험 요소

사업 후기 단계에서는 대출 상환 위험이 존재합니다. 이 단계에서는 앞서 설명해드린 대출의 엑시트 전략을 고민해야 합니다. 물론, 분양이 원활하게 이루어졌다면 수분양자의 분양 대금으로 대출금을 상환할 수 있으므로 큰 걱정은 필요 없습니다.

그러나 입주 시점에 다수의 분양 계약이 파기되거나 대출 실행이 지연되어 잔금 납입이 어려워지는 상황이 발생할 수 있습니다. 또한, 분양이 완료되지 않을 경우 미분양 담보 대출을 통해 PF 대출금을 상환해야 하는 상황이 생길 수도 있습니다.

PF 대출 금융기관은 분양이 이루어지지 않더라도, 다른 금융기관으로부터 미분양 담보 대출을 제공받는다는 확약을 통해 안전성을 확보할 수 있습니다. 이를 바로 미분양 담보 대출 LOC(투자 확약서)라고 합니다. LOC는 법적 효력을 가지며, 이를 이행하지 않을 경우 손해배상을 해야 합니다. 금융기관이 LOC를 발급하는 이유는 LOC 발급 수수료 때문입니다. 이 확약서를 발급함으로써 대출 확약 금액의 1~2% 정도를 수수료로 받을 수 있어, 대출이 실제로 실행되지 않더라도 금융기관에는 이익이 발생합니다.

◆

이번 장에서는 PF 대출의 단계별 위험 요소에 대해 살펴보았습니다. PF 대출은 단순한 담보 대출과는 달리 여러 변수가 얽혀 있어 더욱 신중하게 다뤄야 하는 복잡한 대출 구조입니다. 이를 안전하게 취급하기 위해서는 초기 위험, 중기 위험, 후기 위험을 명확히 이해하고, 각 단계별로 적절한 대출 관리가 필요합니다.

초기 위험은 주로 토지 확보와 시공사의 신뢰도에 관련된 리스크가 존재합니다. 사업이 시작되기 전에 토지의 100% 확보 여부와 시공사의 재무 상태를 확인하는 것이 중요합니다. 중기 위험은 공사의 진행 상황과 분양률에 달려 있습니다. 이 단계에서 공사가 계획대로 진행되고, 분양이 원활히 이루어지지 않으면 대출 상환에 어려움이 발생할 수 있습니다. 마지막으로 후기 위험은 대출 상환과 관련된 부실 위험입니다. 미분양 담보 대출이 발생하면 PF 대출 상환이 어려워질 수 있으므로, 이 부분에 대한 리스크 관리가 필수입니다.

PF 대출은 단계별 리스크 관리와 명확한 심사 기준 수립이 핵심입니다. 사업 진행 과정에서 발생하는 다양한 변수들을 통합적으로 모니터링하고, 검증된 기준에 따라 대출을 실행한다면 리스크를 효과적으로 관리할 수 있습니다.

Chapter 05

채권 관리

대출 약정서의
효력은?

대출 신청 시에는 대출 신청서, 신용 정보 동의서, 대출 약정서, 근저당권 설정서류 등 많은 서류가 필요합니다. 실제로 고객들은 이러한 서류가 책 한 권 분량이라며 불평하시기도 합니다.

이 중 대출 약정서는 가장 핵심적인 서류입니다. 이는 고객과 금융기관 간의 대출 관계를 규정하는 기본 문서이기 때문입니다. 저는 신입사원 시절, 대출 약정서의 법적 효력이 매우 크다고 오해한 적이 있습니다. 예를 들어, 채무자가 대출금을 갚지 못하면 바로 그 재산에 대해 경매를 진행하거나 압류를 할 수 있다고 생각했있습니다.

하지만 실제 업무를 하다 보니, 꼭 그렇지만은 않다는 것을 알게 되었습니다. 개인 간 금전 거래와 은행이 채무자에게 대출해주는 것 사이에는 큰 차이가 없었습니다. 다만 금융기관에서 대출해주는 경우, 신용 정보에 대출 정보가 등재된다는 점이 주요한 차이점이었습니다.

　구체적인 예시를 들어보겠습니다.

　은행에서 채무자 A에게 신용 대출로 3,000만 원을 빌려줬다고 가정 해보겠습니다. 그런데 A가 돈을 갚지 않습니다. 이 경우, 은행은 채무 자 A에게 대출 상환을 독촉할 수 있지만, 채무자 A의 부동산을 처분할 수 있을까요? 그렇지 않습니다. 은행은 채무자 A의 부동산을 직접 처 분할 권한이 없습니다. 가압류와 같은 임시적인 조치는 가능할 수 있지 만, 대출을 받았다는 이유만으로 부동산을 처분할 수는 없습니다.

　법적 절차에 따르면, 은행은 채무자 A가 대출금 3,000만 원을 갚아 야 한다는 사실을 법원에서 증명해야 합니다. 이러한 절차를 민사소송 이라고 하며, 법률 용어로는 대여금 반환 청구 소송이라고 합니다. 이 는 은행이 빌려준 돈을 돌려받기 위해 제기하는 소송입니다. '대출 약 정서를 작성했고, 신용정보에도 등재되었는데, 왜 소송을 해야 하나 요?'라고 의문을 가질 수 있습니다. 하지만 은행도 결국 일반 채권자와 같은 법적 주체일 뿐입니다.

　구체적인 사례를 들어보겠습니다. 우리나라 최고 대기업인 삼성과 은행 간에 대출 약정을 체결했다고 가정해봅시다. 은행이 삼성에게 돈 을 빌려줬지만, 삼성이 대출 약정이 잘못되었다며 대출을 갚지 않아도 된다고 주장한다면 어떻게 될까요? 이러한 분쟁 역시 결국 법원의 판단을 통해 해결해야 할 문제입니다.

채무자가 대출을 갚지 않으면, 은행은 대여금 청구 소송이라는 절차를 통해 법적 효력을 얻어야 합니다. 이를 통해 채무불이행에 대한 법적 청구를 하고, 채무자의 재산에 대해 청구할 수 있는 권한을 확보할 수 있습니다. 그러나 소송 절차가 진행되는 동안, 채무자가 재산을 처분할 수도 있습니다. 이러한 위험에 대비해 은행이 취할 수 있는 법적 조치가 있는데, 그것이 바로 가압류입니다.

다음 장에서는 가압류 제도의 구체적인 내용을 살펴보도록 하겠습니다.

채무자의 재산
가압류

가압류와 가처분은 금융 실무에서 자주 접하는 법적 용어입니다. 은행 담당자라면 한 번쯤은 다루어보았을 이 제도들은, 실무에서 중요한 역할을 함에도 불구하고 그 정확한 의미를 이해하기 어려운 경우가 많습니다.

이번 장에서는 가압류와 가처분의 법적 개념을 명확히 정리하고, 이들이 실제 금융 실무에서 어떻게 활용되는지 구체적으로 살펴보도록 하겠습니다.

가압류와 가처분의 개념

가압류와 가처분은 임시적인 법적 조치를 의미합니다. 여기서 '가(假)'라는 한자는 '임시적'이라는 의미를 담고 있습니다. 즉, 가압류는 임시로 재산을 압류하는 조치입니다. 그렇다면 왜 이런 임시적인 조치가 필요할까요? 예를 들어 설명해보겠습니다.

A가 B에게 5,000만 원을 빌려주었고, 이들은 간단한 차용증만 작성했습니다. 시간이 지나도 B가 돈을 갚지 않자, A는 B에게 돈을 받기 위해 법적 조치를 고민합니다. B가 소유한 아파트가 있다는 사실을 알게 되었지만, 차용증만으로는 그 아파트를 처분할 수 없습니다. A는 대여금 청구 소송을 해야 하고, 소송에서 승소한 후에야 B의 재산에 대해 강제경매를 신청할 수 있습니다. 그러나 소송이 끝날 때까지 B가 아파트를 처분해버리면, A는 승소하더라도 받을 돈이 없게 됩니다.

이런 상황에서 필요한 것이 바로 가압류입니다. 가압류는 채무자가 재산을 처분할 가능성에 대비해, 미리 그 재산을 압류하는 임시적인 조치입니다. 그러나 가압류는 어디까지나 임시 조치이기 때문에, 궁극적으로는 법적 절차를 통해 집행권원을 확보해야 재산을 처분할 수 있습니다.

가압류와 가처분의 차이

가압류는 금전채권을 보전하기 위한 조치이며, 가처분은 금전채권 이외의 권리를 보호하기 위한 조치입니다. 예를 들어, 점유이전금지가처분은 명도 소송에서 많이 사용되는 가처분의 한 유형입니다. 이처럼 가처분은 주로 물건이나 특정 권리의 사용 및 처분을 제한하는 데 사용됩니다.

대출 업무에서의 가압류

대출 업무를 하다 보면, 신용 대출 후 채무자가 대출을 상환하지 못할 때 가압류 조치를 해야 할 상황이 발생할 수 있습니다. 가압류는 부동산, 임금채권, 유체동산 등 채무자 소유의 재산에 대해 모두 가능합니다. 그러나 실무에서는 가압류 조치로 유의미한 성과를 얻기가 쉽지 않습니다. 이는 채무자가 이미 재산이 없거나, 다른 채권자들이 선순위 우선권을 보유하고 있을 수 있기 때문입니다.

특히, 채무자가 신용 대출을 받은 후 개인회생이나 파산을 신청하면, 은행의 채권 회수가 더욱 어려워집니다. 개인회생과 파산은 재정적 어려움을 겪는 채무자에게는 새로운 출발의 기회가 될 수 있지만, 은행 입장에서는 상당한 수준의 채권 손실이 불가피해집니다.

개인회생과 파산의 영향

구체적인 사례를 살펴보겠습니다. A은행이 B고객에게 3,000만 원의 신용 대출을 취급했지만, B고객이 대출금을 연체하고 결국 개인회생을 신청했다고 가정해봅시다. 이 경우, 법원은 B고객의 채무 3,000만 원 중 30%인 900만 원만 상환하도록 결정할 수 있으며, 이마저도 3년에 걸쳐 분할 상환하도록 조정할 수 있습니다. 결과적으로 A은행은 전체 대출금의 70%인 2,100만 원을 손실로 처리해야 하는 상황에 직면하게 됩니다.

개인회생은 부분적인 채권 회수가 가능한 상황이지만, 파산의 경우 은행은 채권을 전혀 회수하지 못할 수도 있습니다. 이러한 위험성 때문에 신용 대출의 한도는 보수적으로 설정하는 것이 바람직합니다. 특히, 기존 대출이 많거나 신용도가 낮은 경우에는 신용 대출 취급 여부를 더욱 신중하게 판단해야 합니다.

다음 장에서는 부동산 담보 대출의 처분 조치에 대해 알아보겠습니다. 부동산 담보 대출은 신용 대출과는 채권 확보 방식과 처분 절차에서 큰 차이가 있습니다. 이러한 차이점들을 중심으로 상세히 살펴보도록 하겠습니다.

부동산 담보 대출의
처분조치

대부분의 담보 대출은 저당권 설정 방식으로 담보를 설정합니다. 사실, 금융기관에서 취급하는 담보대출 대부분이 저당권 방식일 것입니다. 그렇다면, 저당권 설정 방식으로 대출을 취급한 후에 채무자가 대출금을 상환하시 않으면 이렇게 해야 할까요? 우선, 채무자에게 몇 차례 대출금 상환 통지를 하게 됩니다. 그럼에도 불구하고 대출금을 상환하지 않으면, 법적 절차로 넘어갑니다. 바로 경매 절차가 시작되는 것입니다.

경매는 법원에 강제처분을 의뢰하는 절차입니다. 사실, 경매에는 강제경매와 임의경매의 두 가지 종류가 있습니다. 저당권에 의한 경매는 임의경매에 해당합니다. 그렇다면, 강제경매는 무엇일까요? 앞에서 말씀드린 것처럼, 신용 대출을 취급한 후 대출금이 연체되면, 금융기관은 채무자에게 대여금 청구 소송을 제기할 수 있습니다. 소송 결과로 나온 판결문을 집행권원으로 삼아 채무자의 재산에 대해 경매 절차를 진행하는 것입니다. 이를 바로 강제경매라고 합니다

즉, 임의경매는 저당권을 실행하는 방식으로 상대적으로 간단하게 진행할 수 있고, 강제경매는 집행권원(판결문, 지급명령, 공증 등)을 근거로 경매를 진행하는 것을 말합니다. 어렵게 말하면, 강제경매는 채권에 의한 경매, 임의경매는 물권에 의한 경매 조치라고 할 수 있습니다.

그렇다면, 법원에서 진행하는 경매 절차는 어떻게 진행될까요? 이제부터 경매 절차에 대해 자세히 알아보겠습니다.

첫째, 경매 신청입니다. 채무자가 대출을 갚지 않으면, 금융기관에서 법원에 경매를 신청합니다.

둘째, 경매 개시 결정입니다. 법원에서 판단한 후, 경매 신청에 결격 사유가 없다고 판단하면 경매 개시 결정을 내립니다. 이때, 등기부에도 경매 신청이 공시됩니다.

셋째, 배당요구의 종기 결정 및 공고입니다. 이 부동산에 대한 이해관계인에게 경매가 진행된다는 것을 알리고, 받을 돈이 있으면 배당 요구를 할 수 있죠. 이 기간을 놓치면 배당을 받을 수 없으므로, 채권자들은 반드시 정해진 기간 내에 배당요구를 해야 합니다.

넷째, 해당 부동산에 대한 감정평가를 실시하고, 배당 요구를 종합해서 현황보고서를 작성합니다. 이는 경매를 준비하는 과정입니다.

다섯째, 경매 매각이 실시됩니다. 대부분 최고가 낙찰을 기준으로 경매가 진행되며, 낙찰이 이루어지지 않으면 금액을 낮춰 새롭게 진행합니다.

여섯째, 낙찰자가 대금을 납부하고 배당금이 지급됩니다. 이때 낙찰자가 대금을 납부해야만 배당금이 지급되며, 대출금도 상환됩니다.

만약 경매 배당금으로 대출금을 모두 상환할 수 없다면, 어떻게 해야 할까요? 이 경우, 잔존 채권을 별도로 관리해야 합니다. 많은 사람들이 부동산 대출의 경우 부동산을 처분해서 대출금을 상환하면 의무가 끝난다고 잘못 알고 있지만, 그렇지 않습니다. 나머지 잔존 채권에 대한 법적 효력이 남아 있기 때문에, 이 잔존 채권을 통해 채권 추심을 할 수 있습니다. 채무자의 재산이나 급여에 대해 가압류 조치를 취할 수 있으며, 적법한 채권 추심이 가능합니다. 그러나 채권 추심은 큰 효과를 보기 어려운 경우가 많습니다. 부동산이 이미 경매로 처분되었다면 채무자에게 다른 재산이 남아 있지 않은 경우가 대부분이기 때문입니다.

그럼에도 불구하고 채권 관리는 철저히 진행해야 합니다. 은행이 적절한 법적 조치를 취하지 않으면 채권의 소멸시효가 완성되어 대출금 상환 청구권이 소멸하기 때문입니다. 채권 관리가 어려운 경우에는 채권 매각을 통한 조기 회수도 고려할 수 있는 대안이 됩니다.

자산 건전성 분류는
어떻게 되나요?

'자산 건전성'이라는 용어는 금융 실무에서 자주 사용되는 중요한 개념입니다. 자산 건전성은 금융기관의 대출에 대해 채무자의 과거 실적뿐만 아니라 상환 능력과 위험을 종합적으로 고려해 등급을 부여하는 체제를 의미합니다. 이해하기 쉽도록 비유하자면, 소고기가 품질에 따라 등급이 매겨지는 것처럼 대출 역시 일정한 기준에 따라 등급이 분류됩니다. 예를 들어, 마블링이 좋고 육질이 우수한 소고기가 1등급으로 분류되듯이, 상환 가능성이 큰 우량 대출은 높은 등급으로 분류되며, 그에 비해 위험도가 높은 대출은 낮은 등급으로 분류됩니다.

대출도 비슷한 방식으로 분류되며, 일반적으로 5단계로 나눕니다. 이 5단계는 바로 정상, 요주의, 고정, 회수의문, 추정손실입니다. 각 등급별로 어떤 특징이 있는지 살펴보겠습니다.

먼저, 자산 건전성을 이해하시려면 은행의 대손충당금 제도를 알아야 합니다. 대손충당금은 대출금을 회수하지 못할 가능성에 대비해 미리 비용으로 설정해놓는 것입니다.

여러분도 아시겠지만, 대출 부실은 손실로 연결됩니다. 그래서 은행에서는 추후 손실에 대비해 대출 금액의 일성 비율만큼 대손충당금으로 설정해놓는 것입니다. 그리고 이렇게 충당금을 설정하는 것을 자산 건전성 분류라고 일컫는 것입니다.

충당금의 기준은 대출의 등급에 따라 다릅니다.

- 정상채권 : 1%의 충당금
- 요주의 채권 : 10%의 충당금
- 고정채권 : 20%의 충당금
- 회수의문 : 55%의 충당금
- 추정손실 : 100%의 충당금

이 기준은 예시일 뿐이며, 금융기관에 따라 다소 차이가 있을 수 있습니다.

대출금 1억 원을 기준으로 예를 들어보겠습니다. 대출금 1억 원을 기준으로 충당금은 다음과 같이 설정됩니다.

- 정상채권 : 100만 원

- 요주의 채권 : 1,000만 원

- 고정채권 : 2,000만 원

- 회수의문 : 5,500만 원

- 추정손실 : 1억 원

그런데 대손충당금을 많이 설정하면 은행의 건전성에 문제가 생길 수 있습니다. 이렇게 충당금을 많이 설정하면 왜 은행에 좋지 않을까요? 충당금은 비용으로 인식되기 때문입니다. 금융기관은 예금을 받아 대출을 운용해서 수익을 창출하는데, 이를 구체적인 예시로 설명하면 다음과 같습니다. 고객으로부터 1억 원을 연 3%로 예금 받고, 이를 연 5%로 대출하면, 순수하게 2%의 예대마진이 발생합니다. 금액으로 환산하면 1억 원의 2%인 200만 원이 됩니다.

하지만 만약 대출채권이 요주의로 분류되면, 1억 원의 10%인 1,000만 원의 대손충당금을 설정해야 하고, 이로 인해 1,000만 원의 비용이 발생합니다. 이는 수익인 200만 원보다 훨씬 큰 비용이므로 손해가 발생합니다. 만약 대손충당금이 고정으로 분류되면, 2,000만 원의 비용이 발생하게 되어 손해는 더욱 커집니다.

결론적으로, 금융기관은 자산 건전성 지표를 높이기 위해 좋은 대출을 취급해야 합니다. 그래서 채무자의 신용도가 낮거나 연체 이력이 있는 채무자의 대출을 꺼리는 것입니다. 이러한 대출은 자체적으로도 리스크가 있지만, 추후 대손충당금을 많이 설정해야 해서 은행의 건전성에도 악영향을 끼치기 때문입니다.

신탁 대출 공매 절차

앞서 저당권 설정을 통한 담보대출의 경매 절차를 살펴보았습니다. 이번에는 신탁대출의 법적 조치에 대해 알아보겠습니다. 저당권과 신탁은 각각 경매와 공매라는 서로 다른 처분 방식을 가지고 있는데요. 지금부터 신탁 대출의 공매 절차를 자세히 설명해드리겠습니다.

법적 조치 안내

고객이 신탁 대출을 연체하거나 계약을 위반하면, 은행은 대출금 회수를 위해 법적 조치를 취하게 됩니다. 우선, 고객에게 법적 조치 안내장을 발송해 대출금 상환을 요구하며, 상환하지 않을 경우 법적 절차를 통해 대출금을 회수하겠다는 경고를 전달합니다. 일반적으로 연체 후 1~3개월 이내에 이 절차가 시작됩니다.

신탁 대출의 공매 절차

신탁 대출의 회수 절차는 공매를 통해 이루어지며, 이는 일반 대출에서의 경매와는 다른 방식입니다. 공매 절차는 다음과 같습니다.

- 채무이행 최고(1차 및 2차) : 신탁회사는 고객에게 두 차례에 걸쳐 채무이행을 최고합니다.
- 공매 공고(안) 의견 회신 요청 및 징구 : 공매를 진행하기 전, 신탁회사는 공매 공고(안)을 마련하고 이에 대한 내부 의견을 수렴합니다.
- 공매 공고 : 공매 공고가 확정되면, 신탁사는 이를 온비드(Onbid)와 신탁회사 자체 웹사이트에 공시합니다. 이때 공매 절차가 시작되며, 투자자들이 부동산에 관심을 가질 수 있게 됩니다.

공매 매매 계약 체결

공매 절차는 회차별로 진행되며, 경매와 달리 온라인 입찰이 가능합니다. 입찰자가 낙찰을 받으면, 신탁회사에 방문해서 매매 계약서를 작성함으로써 매매 계약이 체결됩니다. 만약 모든 회차에 걸쳐 유찰될 경우, 해당 부동산은 '수의 계약 물건'으로 전환되어 최종 유찰가 이상의 금액으로 수의 계약을 체결할 수 있습니다.

공매 처분대금 정산 및 명도 소송

매매 계약이 체결되면, 통상적으로 60일의 잔금 기간이 주어지며, 이 기간 내에 잔금을 납부하면 소유권이 이전됩니다. 이 시점에서 기존 점유자나 소유자는 불법 점유자로 간주되며, 새로 낙찰받은 고객은 점유자에게 퇴거를 요청할 수 있습니다. 만약 퇴거에 응하지 않을 경우, 명도 소송을 통해 퇴거를 진행하게 됩니다.

명도 소송은 최소 6개월, 명도집행은 최소 3개월이 소요됩니다. 공매는 경매와 달리 명도권원이 자동으로 부여되지 않아 별도의 명도소송을 통해 이를 확보해야 하는데요. 이처럼 명도권원 미확보는 신탁 처분의 주요 장애 요인이 됩니다. 이러한 이유로 금융기관은 원활한 공매 진행을 위해 직접 명도 소송을 진행하기도 합니다. 명도가 완료된 물건은 낙찰자가 추가적인 시간과 비용을 들이지 않아도 되므로 낙찰 가능성이 커지기 때문입니다.

◆

신탁 대출이 설정된 부동산에는 불법 세입자가 있는 경우가 많은데, 이를 '신탁 임대차 사기'라고 합니다. 이는 신탁 설정된 부동산을 불법으로 임대차 계약에 이용한 뒤 임대인이 잠적하는 수법입니다. 대부분 신탁 대출 실행 이후에 발생하기 때문에 은행이 예방하기가 어려운 상황입니다.

이에 여러분께서는 신탁 대출 취급 시 더욱 면밀한 검토가 필요합니다. 의심스러운 정황이 발견되면 신속하게 대응해서 신탁 임대차 사기를 예방해야 하며, 이를 통해 고객 보호와 사회적 책임을 다할 수 있습니다.

신탁 대출이 사기에 악용되는 주된 원인은 일반인들의 부동산 신탁제도에 대한 이해 부족입니다. 이러한 피해를 예방하기 위해서는 부동산 신탁에 대한 체계적인 금융 교육이 확대되어야 할 것입니다.

에필로그

저의 졸저 《부동산 부자가 되는 대출의 비밀》은 일반 대중들이 대출을 쉽게 이해할 수 있도록 쓴 책입니다. 그런데 뜻밖에도 현직 은행원 분들께서도 많이 읽어주시고, 도움이 되었다는 이야기를 전해주셨습니다. 심지어 강의를 요청하시는 분들도 계셨고, 대출 업무를 위한 기본서를 써달라는 제안도 받았습니다. 이러한 반응에 고민 끝에, 제 미천한 지식이 조금이라도 도움이 될 수 있다면 좋겠다는 마음으로 이 책을 쓰게 되었습니다.

저는 11년간 대출 업무를 하며 제 일에 큰 자부심을 가져왔습니다. 대출은 고객이 집을 마련하거나, 사업을 확장하거나, 교육을 받기 위한 자금을 제공함으로써 그들의 삶에 큰 영향을 미칩니다. 제가 대출을 도와드린 고객님들께서 사업이 번창하고 자산이 증가하는 모습을 볼 때마다 마치 제 일처럼 기쁘고 뿌듯합니다.

책을 집필하는 과정에서, 대출 업무에 대한 이론적 이해뿐만 아니라 제가 경험한 사례를 중심으로 독자들이 쉽게 이해할 수 있도록 설명하고자 노력했습니다. 시중에 나와 있는 여러 대출 관련 책들이 어려운 법률 용어로 이루어져 있어 실제로 접근하기가 쉽지 않기 때문입니다. 그래서 너무 많은 내용을 담기보다는, 쉬운 표현으로 중요한 내용을 전달하는 것을 가장 큰 목표로 삼았습니다.

이 책은 대출 업무 경험이 없는 초보 은행원을 대상으로 작성했지만, 일반 대중도 쉽게 이해할 수 있는 수준으로 구성했습니다. 《부동산 부자가 되는 대출의 비밀》이 가계 대출에 많은 지면을 할애했다면, 이번 책은 기업 자금 대출에 초점을 맞췄습니다. 특히, PF(프로젝트 파이낸싱) 사업과 관련된 이해관계자라면 이 책을 한 번쯤 읽어보는 것이 큰 도움이 될 것이라고 생각합니다.

금융 환경은 빠르게 변화하고 있으며, 새로운 도전과 기회가 끊임없이 나타나고 있습니다. 특히, 핀테크의 발전으로 금융업의 경계가 점점 사라지고 있으며, 앞으로 대출 업무의 경쟁도 더욱 치열해질 것입니다. 이러한 변화의 흐름에 뒤처지지 않기 위해 우리 은행원들은 현실에 안주하지 않고 지속해서 발전해야 합니다.

특히, 핀테크 회사들이 제공하지 못하는 '대면 경험'에 포커스를 맞출 필요가 있습니다. 핀테크 회사가 하지 못하는 대면 영업을 통해 고객과의 접점을 만들고, 은행의 사회적 책임을 실천해야 합니다. 저는 이러한 신념으로 전작 《부동산 부자가 되는 대출의 비밀》의 인세로 군포시에 라면 200박스를 기부하며, 제가 근무하는 '군포새마을금고'의 사회적 책임을 실천하고자 했습니다. 이번 책의 인세 또한 기부를 통해 이러한 노력을 이어가고자 합니다.

끝으로, 제가 전문가로 성장할 수 있도록 기회를 주신 이강무 이사장님과 노희진 전무님께 깊은 감사를 드립니다. 또한, 함께 일하며 늘 든든한 힘이 되어주신 군포새마을금고 직원분들께도 진심 어린 감사의 마음을 전합니다. '힘든 삶이 꼭 나쁜 것은 아니다'라는 귀중한 가르침을 주신 부모님께 감사드리며, 늘 한결같이 저를 응원해주는 아내 김애란 님과 사랑하는 아들 서진이에게도 마음 깊이 고마움을 전합니다.

이 책이 여러분의 업부에 실질직인 도움이 되고, 나아가 개인의 섯장과 발전에도 밑거름이 되기를 진심으로 바랍니다. 고객의 꿈을 실현하는 과정에서 느끼는 보람과 성취감은 우리가 경험할 수 있는 가장 값진 기쁨일 것입니다. 이 책을 통해 얻은 지식과 경험이 여러분을 더욱 더 전문적이고 신뢰받는 금융인으로 이끄는 나침반이 되기를 진심으로 응원합니다.

감사합니다.

– 이훈규

부동산 대출 실무 핵심 인사이트

대출 업무는 처음이라

제1판 1쇄 2025년 2월 13일

지은이   이훈규
펴낸이   허연   펴낸곳   매경출판㈜
기획제작 ㈜두드림미디어
책임편집 최윤경   디자인   얼앤똘비악earl_tolbiac@naver.com
마케팅   한동우, 박소라, 구민지

매경출판㈜
등록 2003년 4월 24일(No. 2-3759)
주소 (04557) 서울시 중구 충무로 2(필동1가) 매일경제 별관 2층 매경출판㈜
홈페이지 www.mkbook.co.kr
전화 02)333-3577
이메일 dodreamedia@naver.com(원고 투고 및 출판 관련 문의)
인쇄·제본 ㈜M-print   031)8071-0961
ISBN 979-11-6484-746-4 (03320)